高校土木工程专业规划教材

土木工程经济与管理

郭子坚　宋向群　主编
刘长滨　主审

中国建筑工业出版社

图书在版编目（CIP）数据

土木工程经济与管理/郭子坚等主编. —北京：中国建筑
工业出版社，2007
高校土木工程专业规划教材
ISBN 978-7-112-09433-2

Ⅰ．土… Ⅱ．郭… Ⅲ．土木工程—工程经济—经济管理—
高等学校—教材 Ⅳ．F407.9

中国版本图书馆 CIP 数据核字（2007）第 181821 号

高校土木工程专业规划教材
土木工程经济与管理

郭子坚　宋向群　主　编

刘长滨　主　审

*

中国建筑工业出版社出版、发行（北京西郊百万庄）
各地新华书店、建筑书店经销
北京千辰公司制版
北京建筑工业印刷厂印刷

*

开本：787×1092毫米　1/16　印张：$10\frac{3}{4}$　字数：260千字
2008年1月第一版　　2013年1月第五次印刷
定价：**20.00元**
ISBN 978-7-112-09433-2
(16097)

本书介绍工程经济与管理的基本原理、基础知识和建设项目评价方法,共9章。主要内容包括:经济学基础、资金的时间价值、工程项目的经济效果评价指标与方法、工程项目的财务分析、工程项目经济费用效益分析与社会评价、工程项目的风险分析、工程项目的融资、工程项目的可行性研究及工程项目管理等。

本书是高等院校土木工程、水利工程等工科专业土木工程经济与管理及工程经济学课程的教材,也可供规划、设计和投资决策等咨询部门的专业人员参阅。

*　　*　　*

责任编辑:牛　松　孙玉珍
责任设计:董建平
责任校对:安　东　张　虹

前　言

随着全球经济一体化、产业国际化、市场全球化进程的加快以及我国经济持续快速稳定的发展，建筑市场空前繁荣，这为我国建筑业的进一步发展带来了机遇，同时也对我国建筑业提出了更高的要求。

工程项目建设的科学决策对于高效、优质、低耗地完成工程项目的建设、提高投资效益具有极其重要的意义。土木工程师既要精通工程技术又应懂得工程经济与管理，在项目生命周期内的各阶段，在实现项目功能完善和结构安全的同时，全面系统地考虑项目的经济性。

通过土木工程经济与管理课程的教学使学生系统掌握工程经济与管理的基本原理和基础知识，学会工程建设过程中经济问题的分析方法，培养学生分析和评价土木、水利工程涉及的技术经济问题以及从事项目可行性研究、经济评价、项目管理的能力。

本书编写依据是国家发展和改革委员会、建设部颁布的《建设项目经济评价方法与参数》（第三版）和土木、水利工程专业的培养要求，在作者十几年教学与科研实践中对工程经济与管理的体验与积累的基础上，借鉴国内外高等学校同类以及相关课程的优秀成果，注重理论联系实际，结合国内外最新评价方法，重点分析了评价方法的特征以及新旧方法之间的内在联系。本书讲义曾在大连理工大学多轮试用。

本书的第1章、第2章、第4章、第7章和第9章由郭子坚编写；第5章、第6章和第8章由宋向群编写；第3章由宋春红编写。北京建筑工程学院刘长滨教授审阅了全书并提出了宝贵意见，特此表示感谢。本书在编写过程中参考并引用了部分国内外专著和教材的内容，在此谨向这些文献的作者致以诚挚的谢意。

目　录

第1章 工程项目的经济学基础

1.1 经济学的相关知识

在市场经济不断深入发展的今天，很多经济学知识已经成为人们日常生活中的常识。随着生活水平的不断提高，人们对物质生活的需求不断地增长，但是自然界并不能无限制地满足人们的全部需求。利用有限资源，有意识地生产和消费构成了我们的经济生活。无论是港口、公路、城市给水排水工程还是普通民用建筑都是生产行为的产物，这些产物同一般商品一样需要符合一定的经济规律。工程建设市场既存在微观经济学中的生产与消费的基本关系，同时也存在宏观经济学中的供给与需求的关系。只有掌握了一定的经济学基础知识，才有可能对工程项目从本质上进行全面的了解和分析。

从本质上讲，经济学研究如何有效利用有限资源生产商品并将其分配给个人的问题。这里所说的资源一般包括自然资源和社会资源。社会资源通常又可以分为人力资源、资本资源和信息资源。自然资源始终是国际争端的根源，社会资源在国际竞争中的作用也变得日趋明显。在雄厚的资本资源支持下，高质量的人力资源和信息资源的结合，构成了国家的国际竞争力。这里要清楚两个概念，一个是资源本身是有限的；另一个是对资源必须有效地加以利用。比如城市土地是一种有限的资源，假设可以利用它建设一个城市公园和居民住宅，那么极端的情形是全部建成公园或者全部建成住宅。在两种极端情形之间，还有很多其他方案可供选择，如在一部分土地上建公园，在另一部分土地上建设住宅。无论如何选择，若要获得更大的城市公园必须放弃一部分住宅。这种不可兼得的选择问题构成了经济学中最重要的资源配置问题。

任何土木工程项目的建设都伴随着对资源的消耗。在工程项目的构思、设计、施工、使用以及维护过程中，企业之间的竞争本质上是企业所拥有的资源的竞争。有限资源的概念清楚地表明了任何资源都有稀缺性，这一现实的存在决定了资源必须最有效地加以利用，这正是经济学本身存在的根据。因此，就存在如何以最小的消耗取得最大效果的问题，即"经济效益"问题。工程经济学中的"经济"主要指节约，即工程实践活动中的经济合理性。

1.1.1 需求理论

1. 需求（Demand）的定义

在一定时期内，在各种可能的价格下，人们愿意并且有能力购买的某种商品的数量。

2. 需求函数

是对需求及其影响因素之间相互关系的一种数学表达。一般为多元函数，表达式为：

$$Q = F(P, D, A, O, P_r, D_r, A_r, O_r, P_E, G, N, I, T, W, \cdots) \tag{1-1}$$

式中　　　　Q——表示对某种商品的市场需求数量；

P、D、A、O——分别表示该种商品的价格（Price）、设计（Design）与质量、广告宣传（Advertising Publicity）和推销渠道与方式（Outlet of Distribution）；

P_r、D_r、A_r、O_r——分别表示相关商品的价格、设计与质量、广告宣传和推销渠道与方式；

P_E——表示期望价格（Expected Price）；

G——表示政府政策（Government Policies）；

N——表示消费者数量（Number of Consumers）；

I——表示消费者的收入水平（Income Level）；

T——表示消费者的爱好与口味（Taste）；

W——表示天气（Weather）等自然状况。

若除价格外其他因素不变，需求函数可记为：

$$Q = f(P) \tag{1-2}$$

3. 需求曲线与需求法则

需求曲线：假定需求函数中除该种商品的自身价格 P 以外所有其他影响因素均保持某种水平不变时，商品需求量与价格之间相互关系的几何曲线，如图 1-1 所示。

需求法则（Principle of Demand）：需求曲线斜率通常为负，即在其他条件不变的情况下，需求量随价格的上升而减少，随价格的下降而增加。

4. 需求量的变化与需求的变化

需求量的变化是在其他影响因素不变的情况下，由商品自身价格的改变所引起的需求数量的变化，因此需求量的变化表现在需求曲线上的点沿曲线的变动，如图 1-2 所示。

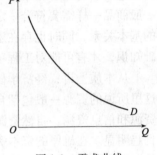

图 1-1　需求曲线

需求的变化是由除商品自身价格以外的一个或几个影响因素的变化所引起的，表现为整条需求曲线的平移或转动，如图 1-3 所示。

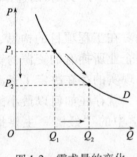

图 1-2　需求量的变化

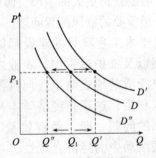

图 1-3　需求的变化

区别上述两种情况是十分必要的，可以帮助我们对实际经济问题进行观察和分析，以便作出正确的判断。例如你今天在报纸上读到一条消息：某品牌冰箱大幅度降价已经引起需求量的激增；明天你又读到另一条消息：该冰箱的价格已经由于需求的增加而上涨了，你会不会认为这两条消息相互矛盾？实际上它们说的是两件事：第一条消息说的是需求量的变化，即点沿着需求曲线的变动；而第二条消息说的是需求的变化，即整个需求曲线的移动。

1.1.2 供给理论

1. 供给（Supply）的定义

在一定时期内，在各种可能的价格下，商品生产者愿意并且有能力向市场提供的某种商品的数量。

2. 供给函数

是对供给及其影响因素之间相互关系的一种数学表达。一般为多元函数，表达式为：

$$Q = H(P,P_r,P_E,C,G,T) \tag{1-3}$$

式中 Q——表示某种商品的供给数量；

P、P_r、P_E、G——分别表示该种商品的自身价格、相关商品的价格、生产者对商品的期望价格和政府的相关政策；

    C——表示商品生产的成本（Cost）；

    T——代表技术状况（Technology）等。

若除价格外其他因素不变，供给函数可记为：

$$Q = h(P) \tag{1-4}$$

3. 供给曲线与供给法则

供给曲线是假定供给函数中除该种商品的自身价格 P 以外所有其他影响因素均保持某种水平不变时，商品供给量与价格之间相互关系的几何曲线，如图1-4所示。

供给法则（Principle of Supply）：供给曲线向上倾斜，斜率为正，即在其他条件不变的情况下，供给量随价格的上升而增加，随价格的下降而减少。

4. 供给量的变化与供给的变化

供给量的变化是在其他影响因素不变的情况下，由商品自身价格的改变所引起，因此供给量的变化表现在供给曲线上的点沿曲线的变动，如图1-5所示。

供给的变化是由除商品自身价格以外的一个或几个影响因素的变化所引起，因此供给的变化表现在整条供给曲线的平移或转动，如图1-6所示。

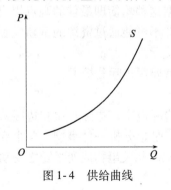

图1-4　供给曲线

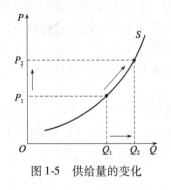

图1-5　供给量的变化

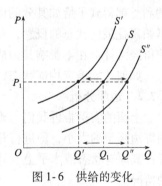

图1-6　供给的变化

1.2　均衡分析和边际分析

均衡分析和边际分析是经济学最主要的研究方法。

1.2.1　均衡分析

均衡就是在一定的条件下或环境中，一件事物矛盾着的双方势均力敌相持不下的平衡

3

状态。在经济学中，均衡状态具有非一般的涵义，因为所有经济问题和管理问题的最佳解决方案，都是由某种均衡状态所确定的。也就是说，确定了一件事物的均衡状态就可以找到其问题的最佳解，而这也正是均衡分析的重要性所在。

例如：某开发项目中计划使用 500 件混凝土预制构件，能够生产该构件的企业有 A 和 B，那么如何分配两个企业的生产份额呢？由于两个企业的工人技术水平和生产条件的不同，其生产同样的产品，水平就会不同。我们知道产品生产的边际成本（MC，Marginal Cost）是指成本对产量无限小变化的变动部分，即产量增加或减少 1 个单位所引起的成本变动，这里边际成本是递增的。因此 500 件产品生产份额确定后，若计算出的 A 企业的 MC 大于 B 企业的 MC，为了降低总成本，应该把 A 企业的最后一件产品转到 B 企业生产。经这样调整后，A 企业的 MC 会降低，B 企业的 MC 会升高。继续把产品生产份额从边际成本高的企业调整到边际成本低的企业，直到两个企业的 MC 相等。这时也就达到平衡状态，企业的产品生产份额的分配方案才是最佳的。

又如：该开发项目的 500 件预制构件分别销售给 C 和 D 两个工程承包商使用，那么如何分配两个承包商的使用份额呢？由于 C 和 D 所承包项目的需求不同，所以产品销售所得的收益也不同。通常在技术水平不变、其他生产要素不变的情况下，追加一种生产要素，该生产要素所形成的产出要经历一个边际增长-边际不变-边际递减的过程，总产出随之逐渐上升加快-趋缓-不变甚至下降，即产品销售的边际收益（MR，Marginal Revenue）是递减的，这就是边际收益递减规律。因此 500 件构件销售份额确定后，若计算出的 C 的 MR 小于 D 的 MR，为了提高总收益，应该把 C 承包商的最后一件构件销售给 D 承包商。经这样调整后，C 承包商的的 MR 会提高，D 承包商的 MR 会降低。继续把产品销售份额从边际收益低的承包商调整到边际收益高的承包商，直到两个承包商 MR 相等。这时也就达到平衡状态，构件销售份额的分配方案才是最佳的。

从上面的实例可以看出，当事物处在非平衡状态时，我们可以进行一些调整，将其潜力挖掘出来，进而提高效益。当事物处在平衡状态时，其潜力已经都被挖掘出来了，各方的利益都得到了恰如其分的体现。意大利经济学家帕累托根据这种均衡即最佳的观点提出了帕累托最优状态的概念，并对社会制度的优劣进行说明，即不可能通过资源的重新配置使得经济社会在不影响其他成员境况的条件下改善某些人的境况。

如何才能确定均衡状态，进而找到问题的最佳解呢？这就要用边际分析了。

1.2.2 边际分析

上面的实例告诉我们，确定事物的最佳状态时，要知道边际成本、边际收益和边际效用等边际量的大小，即进行相关的边际分析。所谓边际分析，是指分析一件事物、一个变量在其原有状态或水平上（边际上）发生一个微小变动时，某一相关事物或变量随之变动的情况。

如某个产品生产厂家要确定年最佳产销量，即使厂家利润最大化的产销量。假设厂家在原有的产量 Q 的水平上增加一个单位，这时厂家的总收益（Total Revenue）会增加，但同时厂家的总成本（Total Cost）也会增加。求出这时的边际收益（MR）和边际成本（MC）。如果 MR 大于 MC，说明增加产量 Q 对厂家是有利的；如果 MR 小于 MC，说明减少产量 Q 对厂家是有利的。显然，当 MR 等于 MC 时，无论 Q 增加还是减少，厂家的利润都不会再增加，由此我们确定了厂家的年最佳产销量，我们可以说这时也达到一种均衡。这说明边际分析是实现均衡的一种方法。在经济学中，均衡分析和边际分析是密不可分、相得益彰的。

1.2.3 支付意愿和受偿意愿

边际价值论认为物品和服务的价值是由其边际效用确定的，商品的经济价值是边际效用与实际价格的差额。基于效用理论的物品和服务价值可以通过支付意愿（Willingness To Pay，WTP）或受偿意愿（Willingness To Accept，WTA）反映出来。支付意愿是指消费者为获得一种物品和服务所愿意支付的金额；受偿意愿是指生产者提供物品和服务所愿意接受的最低金额，见图1-7。

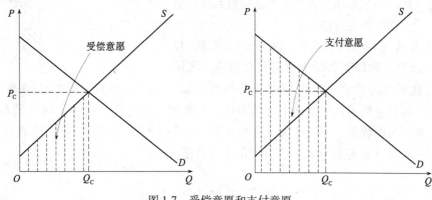

图1-7 受偿意愿和支付意愿

在支付意愿和受偿意愿基础上，形成了消费者剩余理论和生产者剩余理论。消费者剩余是消费者愿付金额（WTP）扣除实付金额后之余额；生产者剩余则是其实售金额扣除最低愿意接受金额（WTA）之后的差额。消费者剩余与生产者剩余之总和即为社会剩余。见图1-8。

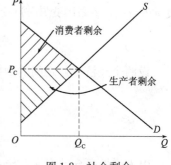

图1-8 社会剩余

在这里需要说明的是，对消费者来说，他愿意支付的价格取决于他对该物品效用的评价。而由于边际效用是递减的，那么他愿意付出的价格随物品数量的增加而递减。但市场价格则是由整个市场的供求关系决定的，决定商品价格的是全体消费者和供给者，而不会因某一消费者愿望而发生转移。即对某一消费者来说市场价格是相对固定的，由此，随着消费者购买某种商品数量的增加，他愿付出的价格在不断下降，而市场价格不变，那么，他从每单位商品购买中所获得的消费者剩余逐渐在减少。

传统的费用效益分析的基础为：如果某项目的实施是社会所得（效益）补偿了社会所失（费用），那么该项目的实施是对社会的改进。社会的效益和费用是社会成员的效益和费用的加总。个人的效益以个别人对物品的支付意愿来衡量。支付意愿可以用来度量公共工程的效益。

支付意愿和消费者剩余的计算涉及对需求曲线的估计。这实际上是很难做到的。而我们在现实生活中通常不必精确地计算支付意愿的具体数值，而只要对其变动作出一些估计。选择恰当的数据，或在这些实际数据上做一些处理使其尽可能地满足要求。通常，项目提供的产品和服务本来就已经存在，项目的实施只是增加同类的产品或服务。因此，其效益只是新增的支付意愿。当实际观察到的价格正好是原来的边际效益时，那么可以用价格作为计算效益的基础。

以图 1-9 为例，某项目投产前，原有的产品供应量是 Q_0。项目投产后，新增产量为 $\triangle Q$，使总供应量为 $Q_1 = Q_0 + \triangle Q$，新增效益就是面积 $E_0 Q_0 Q_1 E_1$。当 $\triangle Q$ 不大时，可以认为需求曲线 $E_0 E_1$ 近似为直线，新增效益 $\triangle B$ 可以表示为：

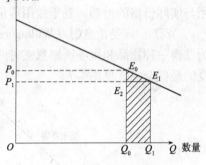

$$\triangle B = \frac{1}{2}(P_0 + P_1) \times \triangle Q \qquad (1\text{-}5)$$

式中 P_0、P_1——表示项目投产前产品价格和投产后产品价格。

根据消费者剩余的定义，区域 $P_0 E_0 E_2 P_1$ 与 $E_0 E_1 E_2$ 的面积之和即为新增消费者剩余价值。区域 $P_0 E_0 E_2 P_1$ 代表因为价格下降使消费者节约的支出，

图 1-9 新增支付意愿

等于价格之间的差额乘以原价格下的销售量。但增加的消费者剩余（区域 $P_0 E_0 E_2 P_1$）同时是生产者损失的收益，两项抵消，消费者节约的支出并没有给社会带来净效益，因此，社会获得的效益仅是 $E_0 Q_0 Q_1 E_1$，即新增的支付意愿。

1.3 需求弹性和供给弹性

1.3.1 弹性的含义

经济学中，弹性是指当两个经济变量存在函数关系时，自变量的相对变动引起因变量相对变动的程度，或者因变量对自变量相对变动的反应程度。弹性的大小用弹性系数表示：

$$弹性系数 = \frac{因变量变化的百分比}{自变量变化的百分比} \qquad (1\text{-}6)$$

设两个经济变量之间的函数关系为 $Y = f(X)$，具体的弹性公式为：

$$E = \frac{\dfrac{\Delta y}{y}}{\dfrac{\Delta x}{x}} = \frac{\Delta y}{\Delta x} \cdot \frac{x}{y} \qquad (1\text{-}7)$$

引入弹性概念的意义在于：分析某一经济变量的变化对另一经济变量产生的影响，以便于对经济活动进行分析与决策。

1.3.2 需求弹性

需求的价格弹性表示需求量对价格变动的反应程度，或者说，价格变动的百分比引起需求量变动的百分比的程度。其计算公式为：

$$E_d = \frac{需求量变动百分比}{价格变动百分比} = \frac{\dfrac{\Delta Q}{Q}}{\dfrac{\Delta P}{P}} = \frac{\Delta Q}{\Delta P} \cdot \frac{P}{Q} \qquad (1\text{-}8)$$

根据需求的价格弹性绝对值的大小，一般把需求的价格弹性分为五种类型：

（1）$|E_d| > 1$，表明需求量的变动率快于价格的变动率，即需求量对价格变化反应强烈，称为富有弹性。需求曲线斜率为负，其绝对值小于 1。这类商品西方称之为奢侈品，

一般指高档消费品。

（2）｜E_d｜=1，表明需求量的变动率等于价格的变动率，即需求和价格以相同幅度变动称为单位弹性。需求曲线的斜率为 -1，这是一种特例，即属特殊情况。

（3）｜E_d｜<1，表明需求量的变动率小于价格的变动率，即需求量变化对价格变化反应缓和，称为缺乏弹性。需求曲线斜率为负，其绝对值大于1。这类商品为生活必需品。

（4）E_d=0，表明需求量为一常量，表明需求量不随价格变化而变化，称为完全无弹性，需求曲线和纵轴平行，其斜率为无穷大。这是一种特例，如火葬费等近似于无弹性。

（5）E_d=∞，表明价格为一定的情况下，需求量无限大，称为无穷大弹性，需求曲线斜率为零。这也是一种特例，如战争时期的常规军用物资及完全竞争条件下的商品可视为 E_d 无限大。

1.3.3 供给弹性

供给价格弹性表示供给量对价格变化作出的反应程度，即某种商品价格上升或下降百分之一时，该商品供给量增加或减少的百分比程度。其计算公式为：

$$E_s = \frac{供给量变动百分比}{价格变动百分比} = \frac{\frac{\Delta Q}{Q}}{\frac{\Delta P}{P}} = \frac{\Delta Q}{\Delta P} \cdot \frac{P}{Q} \tag{1-9}$$

根据供给的价格弹性绝对值的大小，一般把供给的价格弹性分为五种类型：

（1）E_s=0，表明供给量是一个常量，不随价格变化而变化。供给曲线和纵轴平行，其斜率为无穷大，称为供给完全无弹性。

（2）E_s<1，表明供给的变动率慢于价格的变动率，即供给量对价格的变化反应缓和。供给曲线斜率为正，其值大于1，称为供给缺乏弹性。

（3）E_s=1，表明供给量的变动率等于价格的变动率，即供给和价格以相同的幅度变动，称为供给单位弹性。供给曲线斜率为正，其值为1。

（4）E_s>1，表明供给量的变动率快于价格的变动率，即供给量对价格的变化反应强烈，称为供给富有弹性。供给曲线的斜率为正，其值小于1。

（5）E_s=∞，表明同一价格条件下，供给量无穷大，供给曲线和横轴平行，其斜率为零，称为供给完全弹性。

1.4 成本和收益

1.4.1 成本

通常来说，成本是指厂商为了得到一定数量的商品或劳务所付出的代价。换言之，成本是厂商生产一定数量的商品或提供一定数量的劳务所耗费的生产要素的价值。它等于投入的每种生产要素的数量与每种要素单位价格之乘积的总和。成本的概念比较复杂，从不同的角度和内容看，有不同性质的概念。

1. 机会成本

机会成本指的是如果一种生产要素被用于某一特定用途，它便放弃了在其他用途上可能获取的收益，这笔收益就是这一特定用途的机会成本。机会成本的存在需要两个重要前提条件：第一，生产要素是稀缺的；第二，生产要素是具有多种用途的。

2. 固定成本和变动成本

固定成本（FC）是指不随产量的变化而变化的成本。变动成本（VC）是指随着产量的变化而变化的成本，也叫可变成本。

3. 总成本、平均成本、边际成本

总成本（TC）指生产过程中使用的所有投入要素的成本之和，等于固定总成本（TFC）与变动总成本（TVC）之和，即

$$TC = TFC + TVC \tag{1-10}$$

平均成本可分为平均总成本 ATC、平均变动成本 AVC 和平均固定成本 AFC。用 Q 表示产量，它们的函数表达式应该是

$$ATC = \frac{TC}{Q} \tag{1-11}$$

$$AVC = \frac{TVC}{Q} \tag{1-12}$$

$$AFC = \frac{TFC}{Q} \tag{1-13}$$

边际成本描述的是总成本相对于产量的变化率，即

$$MC = \frac{\Delta TVC}{\Delta Q} \tag{1-14}$$

[例1-1] 根据1975年波音公司向美国参议院提交的数据，运营航程为1200英里和2500英里，乘客为250人、300人和350人的航线每位乘客每英里的成本（以美分计）如表1-1所示。

航线成本（美分/每人每英里）   表1-1

乘 客 人 数	航 线 英 里 数	
	1200	2500
250	4.3	3.4
300	3.8	3.0
350	3.5	2.7

（1）如果乘客人数在250与300人之间，运营1200英里航线每增加1位乘客的边际成本是多少？

（2）如果乘客人数是300人，航程在1200与2500英里之间，每增加一英里飞行的边际成本是多少？

（3）1975年，2500英里航程经济舱机票为156.60美元，如果人数为300人，运营该种航班是否可以收回全部成本？

[分析]

（1）如果乘客人数为250人，则运营成本为1200×250×4.3美分＝12900美元。如果乘客人数为300人，则运营成本为1200×300×3.8美分＝13680美元。因此，增加50名乘客总成本增加了13680－12900＝780美元，则每增加1位乘客的成本增量约为780÷50＝15.60美元。

（2）1200 英里航线的总成本为 $1200 \times 300 \times 3.8$ 美分 = 13680 美元。2500 英里航线的总成本为 $2500 \times 300 \times 3.0$ 美分 = 22500 美元。因为增加 2500 - 1200 = 1300 英里航程总成本增加 22500 - 13680 = 8820 美元，故每增加 1 英里飞行约增加成本 8820 ÷ 1300 = 6.78 美元。

（3）可以补偿全部运营成本。因为运送每位乘客的运营成本为 2500×0.03 美元 = 75 美元，比机票价格 156.60 美元低。

1.4.2 收益

收益指企业售出产品所收取到的收入。

产品价格为 P，总收益为 TR，产量为 Q，则

$$TR = P \cdot Q \tag{1-15}$$

平均收益（AR，Average Revenue）：

$$AR = \frac{TR}{Q} \tag{1-16}$$

边际收益（MR，Marginal Revenue）：

$$MR = \frac{\Delta TR}{\Delta Q} \tag{1-17}$$

1.5 市 场 结 构

经济学中，根据市场上竞争程度的强弱把现实中的市场分为四种类型，完全竞争（Perfect Competition）市场、垄断竞争（Monopolistic Competition）市场、寡头垄断（Oligopoly）市场和完全垄断（Monopoly）市场。

1. 完全竞争市场

完全竞争市场有三个主要特征：市场上有许多买者和卖者；各个买者和卖者提供的物品大体上相同；企业可以自由进入或退出市场。理论上，完全竞争的结果从社会效益的角度看往往是好的。生产者得到社会平均利润，消费者得到充足的产品（或服务）和最低的价格。在这种情况下，社会总福利最高。

2. 完全垄断市场

完全垄断市场有三个主要特征：市场上只有一个卖者；产品没有替代品；新企业不能自由进入或退出市场。垄断者能在市场上保持唯一的卖者的地位，且无论长期还是短期都可以获得超过正常利润的超额利润。完全垄断的一个重大代价是社会效益的低下。在一个完全垄断市场上，生产者提供的产品数量往往低于社会有效率的数量，价格却高于社会有效率的水平。

3. 垄断竞争市场

垄断竞争市场同时具有完全竞争和完全垄断的特点，其特征是：行业内企业较多；企业能自由进入或退出市场；同类产品间有差别。

4. 寡头垄断市场

寡头垄断市场是只有少数一些卖者的市场，每个卖者都提供相同或相似的产品。寡头可能少到只有两个，也可能多达十几个（对这个数量界限经济学家们的看法并不一致）。

从社会福利角度看，寡头与垄断引起的结果相近。

四种类型市场比较如表 1-2 所示。

不同类型市场比较   表 1-2

市场类型	完全竞争市场	完全垄断市场	垄断竞争市场	寡头垄断市场
生产者数量	非常多	只有一个	较多	很少
产品差异程度	毫无差异	产品独特没有替代品	有一定差异	有一定差异或无差异
资源流动难易程度	充分自由毫无行业壁垒	进入或退出市场极端困难	相当通畅	流通不畅行业壁垒较高
市场信息流动通畅程度	掌握全部市场信息	被高度控制	相当通畅	流通不畅

思 考 题

1. 简述需求与需求量的区别？
2. 什么是供给法则？画出供给曲线。
3. 简述什么是均衡分析。
4. 什么是生产者剩余？什么是消费者剩余？
5. 简述弹性的定义。价格弹性有几种类型？
6. 简述总成本、平均成本、边际成本的区别。
7. 什么是机会成本？
8. 简述经济学中的四种市场经济结构。

第2章 资金的时间价值

土木工程项目的建设离不开资金活动，为了解决工程投资项目在不同时间点上发生的费用与效益的时间可比性问题，必须了解资金时间价值的客观存在性，并用资金等值概念进行资金时间价值的等值变换，以便更好地开展各种经济评价。

2.1 基本概念

2.1.1 现金流量与现金流量图

1. 现金流量（Cash Flow）的概念

对于一个特定的经济系统而言（如一个投资项目、一个企业、一个行业、一个地区或者一个国家），投入的资金，花费的成本，获取的收益，都可以看成是以货币形式（包括现金和其他货币支付形式）体现的资金流出或流入。技术经济分析中，把各个时间点上实际发生的或即将发生的这种资金流入或流出称为现金流量。流入系统的资金称为现金流入（Cash Income），流出系统的资金称为现金流出（Cash Outcome）。在同一时间点上，现金流入与现金流出之差称为净现金流量（Net Cash Flow），即

$$\text{净现金流量} = \text{现金流入} - \text{现金流出} \tag{2-1}$$

现金流量的考察和分析要注意两个问题。第一，不在同一时间点的现金流入和现金流出不能直接相减求净现金流量。例如，如果给出2005年初的现金流入和2006年初的现金流出是不能相减求出净现金流量的，因为一个是在2005年初，另一个是在2006年初，没有在同一个时间点上。但是，如果是2005年的年末，与2006年的年初，即在同一时间点，此时可以计算出净现金流量。第二，因考察的角度和所研究系统的范围不同而呈现出不同的结果。例如，国家对企业经济活动征收的税金，从企业的角度看是现金流出，而从整个国民经济的角度看，既不是现金流出也不是现金流入，而是在国家范围内资金分配权与使用权的一种转移，称为转移支付。技术经济分析中，必须在明确考察角度和系统范围的前提下正确区分现金流入和现金流出。

2. 现金流量图（Cash Flow Diagram）

现金流量图由一平面坐标系构成，横轴表示时间，时间标在分度点上，表示某个周期的末尾和下一周期的起始。纵轴表示资金流向和大小，横轴上方表示现金流入，横轴下方表示现金流出，线段长度表示大小，如图2-1所示。

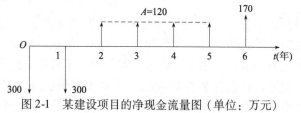

图2-1 某建设项目的净现金流量图（单位：万元）

现金流量图上的时间点 0 表示第零年末，也即第 1 年初；1 表示第 1 年末，第 2 年初，依此类推。

现金流量图采用的代号说明如下：

（1）现值（Present Value），用 P 表示。一个项目的现金流量，从时间轴上看，有起点、终点和一系列中间点。为了便于表述，把建设项目开始的第一年（期）初或在项目评估时指定的时间看作起点，称为"现在"（尽管它并不发生在现在），把"现在"发生的现金收支额称为"现值"，常表现为本金；

（2）终值（Future Value），用 F 表示。除上述"现在"以外的时间点均称为"未来"。把"未来"发生的现金收支额称为"终值"或"未来值"，常表现为本利和或复本利和；

（3）年金（Annuity），用 A 表示。当时间按年划分时，把中间点发生的资金收支额称为"年金"或"年值"。当各年的年金都相等时，则称为"等额序列"或"等额年金"。

2.1.2 资金的时间价值（Time Value of Money）

任何工程项目的建设与营运，任何技术方案的实施，都有一个时间上的延续过程。对于投资活动来说，资金的投入与收益的获得往往构成一个时间上有先有后的现金流量序列。要客观地评价工程项目或技术方案的经济效果，不仅要考虑现金流出与流入的数额，还必须要考虑每笔现金流量发生的时间。在不同的时间付出或得到同样数额的资金在价值上是不相等的，也就是说资金有时间价值，在不同的时间点同一金额的资金价值不相等，这个差额就是资金的时间价值。

资金的时间价值是指资金在生产和流通过程中随着时间推移而产生的增值，这里的时间是指资金的运动时间。这是商品经济中的普遍现象，主要原因在于资金作为生产要素进入生产和流通领域后会产生利润，从而使资金增值；从投资者的角度来看，资金的增值特性使资金具有时间价值。资金一旦用于投资，就不能用于现期消费，牺牲现期消费的目的是为了能在将来得到更多的消费。因此从消费者的角度来看，资金的时间价值体现为对放弃现期消费的损失所作的必要补偿。基于上述原因，我们可以从两个角度来理解资金时间价值的客观基础。

从生产者或资金使用者的角度来看，一笔可用于投资的资金，不论是用于购建厂房、设备等固定资产，还是用于购买原材料、燃料等变动要素，都构成必不可少的生产要素。生产出来的产品除了弥补生产过程中的物化劳动和活化劳动消耗之外，还会有剩余，这些剩余就是劳动者为社会创造的剩余价值。这从资金的运动过程来看，就表现为投资经过生产过程产生了增值。

从消费者或资金提供者的角度来看，无论是国家通过财政手段积累的资金，还是个人储蓄的货币，一旦用于投资，就不能用于现期消费。资金使用者应当付出一定的代价，作为对放弃现期消费的损失和对放弃货币占用的偏好损失的补偿，以及对资金提供者的鼓励。

资金时间价值的存在，决定了两笔发生在不同时期的等额资金在价值量上是不相等的，或者说其经济效用是不同的。发生在先的资金时间价值相对较高，发生在后的资金时间价值相对要低。通俗地来讲，现在 1 元钱的价值大于一年后的 1 元钱。

资金是一种短缺资源，社会资金总是有限的，对于国民经济增长具有特别的制约作用。计算资金的时间价值，以督促合理地使用资金，防止多占积压等浪费资金的现象发生；同时可以吸引、收集闲散资金，加速资金周转，提高投资的社会经济效益。

资金时间价值的大小取决于多方面的因素，主要有投资收益率、银行利率、通货膨胀率和投资风险因素等。实际上，银行利率也是资金时间价值的一种表现形式。利息、利润或收益是资金投入后在一定时期内产生的增值，或者视为使用资金的报酬，这是衡量资金的时间价值的绝对尺度。利息率、利润率或收益率是一定时期内的利息、利润或收益与投入资金的比率，反映资金时间变化的增值率或报酬率，这是衡量资金的时间价值的相对尺度。

因此，资金增值是企业生存的基础，也是投资项目成败的关键，在市场经济条件下尤其如此。对投资项目的评估，资金增值能力和速率理所当然地成为决定项目取舍和优选的重要因素。

2.1.3 利息与利率

1. 利息（Interest）

利息是指占用资金所付出的代价，或放弃使用资金所得的补偿，它伴随着信用关系的发展而产生，并构成信用的基础。利息属于利润的一部分，是剩余价值的一种转化形态，因此，利息是资金在运动过程中增值的一部分。投资项目建成投产以后，不仅用自己的收益收回投资，而且要补偿为贷款而支付的利息。如果银行将一笔资金贷给某企业，这笔资金就称为本金。经过一段时间后，借款的企业除偿还本金之外还要还一笔利息，这一过程可以表示为：

$$F_n = P + I_n \tag{2-2}$$

式中 F_n——本利和或终值；下标 n 表示计算利息的周期数。计息周期是指计算利息的时间单位，常用的有"年"、"月"等；

P——本金或现值；

I_n——利息。

2. 利息率（Interest Rate）

利息率通常简称为利率，是指一个计息周期的利息额与本金额的比率，一般以百分数表示。利率体现着借贷资本或生息资本增值的程度，是衡量利息数量的尺度。其表达式为：

$$i = \frac{I_1}{P} \times 100\% \tag{2-3}$$

式中 I_1—— 一个计息周期的利息；

i——利率。

由上式可知，利率是单位本金经过一个计息周期后的增值率。

利率按照不同的标准，可以划分为不同的种类，按利率的表示方法可划分为：年利率、月利率与日利率；按利率的决定方式可划分为：官方利率、公定利率与市场利率；按借贷期内利率是否浮动可划分为：固定利率与浮动利率；按利率的地位可划分为：基准利率与一般利率；按信用行为的期限长短可划分为长期利率和短期利率；按利率的真实水平可划分为：名义利率与实际利率。

现代市场经济环境错综复杂，许多因素都与利率息息相关。影响利率变化的因素有经济因素、政策因素与制度因素。经济因素包括经济周期、通货膨胀和税收等；政策因素包括国家的货币政策、财政政策和汇率政策等。决定和影响我国利率的主要因素有：利润的平均水平；资金的供求状况；物价变动的幅度；国际经济环境；政策性因素等。各国政府经常用利率作为杠杆对经济进行宏观调控，以调节存款量，进而使资金流向其他的领域。在经济过热时升高利率，控制消费；在经济过冷时降低利率，刺激消费。

2.1.4 单利和复利

利息是资金时间价值的基本体现，利息的计算有两种基本方法：单利法和复利法。

1. 单利（Simple Interest）

单利是仅以本金为基数计算利息的方法。按照这种方法，只有本金在计息期中获得利息，所生利息均不加入本金重复计算利息。银行储蓄利息的计算方法全是按照单利，其计算公式为

$$I_n = P \times i \times n \tag{2-4}$$

式中　P——本金；

　　　i——利率；

　　　n——计息期数。

2. 复利（Compound Interest）

复利是以当期本金与利息之和为基数计算利息的一种方法。按照这种方法，每经过一个计息期，要将所生利息加入本金再计利息，逐期滚算，俗称"利滚利"。其计算公式为：

$$I_n = P(1+i)^n - P \tag{2-5}$$

式中　P——本金；

　　　i——利率；

　　　n——计息期数。

我国的基本建设贷款等是按复利计息的。采用复利计息比较符合资金在社会再生产过程中运动的实际情况，反映了资金运动的客观规律，对资金占用的数量和占用的时间具有较大的约束力，可以较好地体现资金的时间价值，在工程经济分析中采用复利计息，用复利来计算资金的时间价值。

2.1.5 名义利率与实际利率

在技术经济分析中，通常以年为计息周期进行复利计算。但在实际经济活动中计息周期有年、半年、季、月、周、日等多种，这样就出现了不同计息周期的利率换算问题。

名义利率（Nominal Interest Rate）是银行所支付的利率，以一年为计息基础，等于每一计息周期的利率与每年的计息周期数的乘积，即名义利率是按单利的方法计算的。例如存款的月利率是5‰，一年有12个计息期，名义利率则为6%，即$5‰ \times 12 = 6\%$。

实际利率（Real Interest Rate）是以年为计息周期，也就是复利方法计算所用的年利率。如果计息周期为一年，则名义利率也就是实际利率。

例如本金5000元，名义利率12%，若每年计息一次，一年后的本利和为：

$$F = 5000(1 + 0.12) = 5600 \text{ 元}$$

按名义利率12%，每月计息一次，一年后的复本利和为：

$$F = 5000(1 + 0.12/12)^{12} = 5634.1 \text{ 元}$$

实际利率 i 等于：

$$i = \frac{5634.1 - 5000}{5000} = 12.68\%$$

由此可知，如按单利计息，名义利率和实际利率是一致的；若按复利计息，则实际利率不等于名义利率。

一般的，设名义利率为 r，一年的计息次数为 m，则一个计息周期的利率为 r/m，一年后的复本利和即为：

$$F = P(1 + r/m)^m \tag{2-6}$$

利息额为 $I = F - P = P(1 + r/m)^m - P$

按照利息的定义，可得实际利率 i 为：

$$i = \frac{P(1 + r/m)^m - P}{P} = (1 + r/m)^m - 1$$

所以，实际利率 i 与名义利率 r 的换算公式为：

$$i = (1 + r/m)^m - 1 \tag{2-7}$$

当 $m = 1$ 时，实际利率等于名义利率；

当 $m > 1$ 时，实际利率大于名义利率；

当 $m \to \infty$ 时，即按照连续复利计算，这时的实际利率称为连续利率 i'。所谓连续复利是指一年中计息次数是无限的，而当计息次数为有限次时，称为离散复利。连续利率与名义利率的关系如下式：

$$i' = \lim_{m \to \infty} \left[(1 + r/m)^m - 1 \right] = \lim_{m \to \infty} \left[(1 + r/m)^{m/r} \right]^r - 1 = e^r - 1 \tag{2-8}$$

在上例中，若按连续复利计算，则实际利率为

$$i' = e^{0.12} - 1 = 12.75\%$$

由此可见，一年多次计息时，实际利率必定大于名义利率，一年的计息次数越多，即 m 越大，二者相差越大。为了方便比较各种利率，表2-1给出了当名义利率为12%时，对应于不同计息周期的实际利率计算结果。

不同计息周期下的实际利率值　　　　表 2-1

计息周期	一年内计息周期数（m）	名义利率（r）%	各期利率（r/m）%	实际利率（i）%
年	1		12.000	12.000
半年	2		6.000	12.360
季	4		3.000	12.551
月	12	12.0	1.000	12.683
周	52		0.2308	12.736
日	365		0.03288	12.748
连续	∞		—	12.750

如上所述，复利计息有间断复利和连续复利之分。如果计息周期为一定的时间区间（如年、季、月），并按复利计息，称为间断复利；如果计息周期无限缩短，则称为连续复利。从理论上讲，资金是在不停运动，每时每刻都通过生产和流通在增值，应该用连续复利计息。但在一般技术经济分析中通常都采用较为简单的间断复利计算，连续复利主要用于经济过程的建模优化计算等场合。

2.2 资金等值计算

2.2.1 等值（Equivalence）的概念

由于资金具有时间价值，所以即使资金的金额相等，若其发生在不同时间，其价值也不相等。反之，不同时间的不同金额，其资金的价值却可能相等。资金等值包括三方面因素：即资金额大小、资金发生的时间和利率大小。其中利率是关键因素。

等值的概念是时间价值计算的前提和根据，是指不同金额的资金在不同的时间点可以具有相等的价值量。例如，现在的100元，在每年资金增值率为12%的条件下，1年后价值为112元，2年后为125.44元，依此类推。等值的概念即是现在的100元与1年后的112元、2年后的125.44元具有相同的价值量，或者说各年的价值量相等。

等值的概念还表现为：当各时间点的价值量都等于某一时间点的价值量，各个时间点的价值量是相等的。因此在一定利率条件下，任何时间点用于偿还现时的一笔资金，其一次支付或等额年金支付序列都和现时金额相等。

资金等值在工程经济分析中是一个非常重要的概念。利用等值的概念，可以把在一个时间点发生的资金金额换算成另一时间点的等值金额，这一过程叫做资金的等值计算。把将来某一时间点的资金金额换算成现在时间点的等值金额称为"折现"或"贴现"，将来时间点上的资金折现后的资金金额称为"现值"。与现值等价的将来某一时间点上的资金金额称为"终值"或"将来值"。这里需要特别指出，"现值"并非一定指一笔资金当前的价值，它是一个相对的概念。一般说来，将第 $n+k$ 个时间点上发生的资金折现到第 n 个时间点上，所得的等值金额就是相对于第 $n+k$ 个时间点的资金的现值。

在工程经济分析中，为了考察投资项目的经济效果，必须对项目寿命期内不同时间发生的全部收益和全部费用进行计算和分析。在考虑资金时间价值的情况下，不同时间发生的收入或支出，其数值不能直接相加或相减，只能通过资金等值计算将它们换算到同一时间点上，使得项目方案的收入或支出满足时间可比的条件再进行分析。

由于利息是资金时间价值的表现形式，因此，资金等值计算公式与复利计算公式的形式完全相同。

2.2.2 资金等值计算

1. 基本符号

i——利率（也称折现率）；

n——计息期数；

P——现值；

F——终值；

A——年值。

2. 资金等值计算的基本公式

（1）一次支付类型

一次支付又称整付（Single-payment），这种类型所分析的系统的现金流量，无论是流入或流出，均在一个时点上一次发生，其典型现金流量图如图2-2所示。

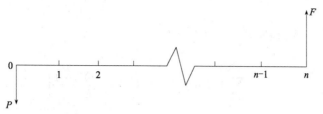

图2-2 一次支付现金流量图

1）一次支付终值计算公式

这是在已知 i、n、P，求 F，公式为：

$$F = P(1+i)^n \tag{2-9}$$

式中 $(1+i)^n$ 称为一次支付终值系数，可用符号 $(F/P, i, n)$ 表示，上式可写成：

$$F = P(F/P, i, n) \tag{2-10}$$

[**例2-1**] 如果现在将 100 元存入银行，年利率为 10%，求 10 年末的本利和为多少元？

[**解**] 利用一次支付终值计算公式

$$F = P(1+i)^n = 100(1+10\%)^{10} = 259(元)$$

2）一次支付现值计算公式

这是已知 i、n、F，求 P，公式为 $P = F\dfrac{1}{(1+i)^n}$

式中 $\dfrac{1}{(1+i)^n}$ 为一次支付现值系数，可用符号 $(P/F, i, n)$ 表示，故上式又可写成：

$$P = F(P/F, i, n) \tag{2-11}$$

[**例2-2**] 如果银行利率为 10%，为在 5 年后获得 80000 元款项，现在应存入银行多少？

[**解**] 利用一次支付现值计算公式

$$P = F\frac{1}{(1+i)^n} = 80000\frac{1}{(1+10\%)^5} = 49672(元)$$

（2）等额支付类型

等额支付（Uniform-Series）是指各年末的现金流量是连续的，且数值相等。

1）等额支付终值公式

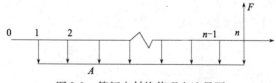

图2-3 等额支付终值现金流量图

设各年末等额投入年金为 A，年利率为 i，计息期数为 n，则终值 F 求解过程如下：

第 1 年末的年金 A 折算到第 n 年末的值为

$$A(1+i)^{n-1}$$

第 2 年末的年金 A 折算到第 n 年末的值为

$$A(1+i)^{n-2}$$

......

第 n 年末的年金 A 折算到第 n 年的值为

$$A(1+i)^0$$

$$F = \sum_{j=1}^{n} A(1+i)^{n-j} = A\left[\frac{(1+i)^n - 1}{i}\right] \tag{2-12}$$

因此，式中 $\left[\dfrac{(1+i)^n - 1}{i}\right]$ 称为等额支付终值系数，可用符号 $(F/A, i, n)$ 表示，故上式又可写成

$$F = A(F/A, i, n) \tag{2-13}$$

[**例 2-3**] 某大型工程项目总投资 25 亿元，五年建成，每年末投资 5 亿元，年利率为 6%，求 5 年末的实际累计总投资额。

[**解**] 这是一个已知年金求终值的问题，其现金流量图如图 2-4 所示。

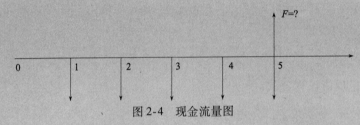

图 2-4 现金流量图

根据公式：$F = A(F/A, i, n) = A(F/A, 6\%, 5) = 5 \times 5.637 = 28.185$ 亿元

年金终值系数 $(F/A, 6\%, 5)$ 通过查表得出。

2）等额支付偿债基金公式

已知终值求各年等额发生量的公式为

$$A = F\left[\frac{i}{(1+i)^n - 1}\right] \tag{2-14}$$

式中 $\left[\dfrac{i}{(1+i)^n - 1}\right]$ 是等额支付终值系数的倒数，称为等额支付偿债基金系数，可用符号 $(A/F, i, n)$ 表示，故上式又可写成

$$A = F(A/F, i, n) \tag{2-15}$$

[**例 2-4**] 拟在 5 年后还清 10000 元债务，从现在起每年等额存入银行一笔款项。假设银行存款利率 10%，每年需要存入多少？

[**解**] 这是一个已知终值求年金的问题，其现金流量图如图 2-5 所示。

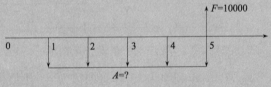

图 2-5 现金流量图

根据等额支付偿债基金公式

$$A = F\left[\frac{i}{(1+i)^n - 1}\right] = 10000\left[\frac{10\%}{(1+10\%)^5 - 1}\right] = 1638（元）$$

3）等额支付现值公式

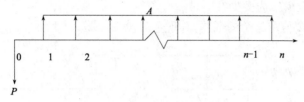

图2-6 等额支付现值现金流量图

设每年末取得等额款项 A，计算期数为 n，则现值 P 求解过程如下：

$$P = A(1+i)^{-1} + A(1+i)^{-2} + \cdots + A(1+i)^{-n}$$

等式两边同乘 $(1+i)$

$$P(1+i) = A + A(1+i)^{-1} + \cdots + A(1+i)^{-n+1}$$

两式相减得

$$P(1+i) - P = A - A(1+i)^{-n}$$

所以

$$P = A\left[\frac{1-(1+i)^{-n}}{i}\right] \tag{2-16}$$

式中 $\left[\dfrac{1-(1+i)^{-n}}{i}\right]$ 称为等额支付现值系数，可用符号 $(P/A, i, n)$ 表示，故上式可写成：

$$P = A(P/A, i, n) \tag{2-17}$$

［例2-5］ 设立一项基金，计划从现在开始的 10 年内，每年年末从基金中提取 50 万元，若已知年利率为 10%，问现在应存入基金多少钱？

［解］ 这是一个已知年金求现值的问题，其现金流量图如图2-7所示。

根据公式 $P = A(P/A, i, n) = A(P/A, 10\%, 10)$

$$= 50 \times 6.1446 = 307.23 \text{ 万元}$$

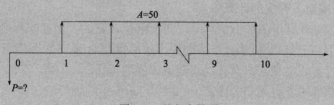

图2-7 现金流量图

4）等额支付投资回收公式

由上式可知，倘若已知一次期初现值投入，求各年末等额发生量的公式为：

$$A = P\left[\frac{i}{1-(1+i)^{-n}}\right] \tag{2-18}$$

式中 $\left[\dfrac{i}{1-(1+i)^{-n}}\right]$ 为等额支付现值系数的倒数，称为等额支付投资回收系数，可用符号 $(A/P, i, n)$ 表示，故上式可写成：

$$A = P(A/P, i, n) \tag{2-19}$$

[**例2-6**]某项目投资1000万元,计划在8年内全部收回投资,若已知年利率为8%,问该项目每年平均净收益至少应为多少?

[**解**]这是一个已知现值求年金的问题,其现金流量图如图2-8所示。

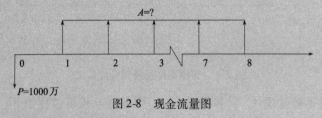

图2-8　现金流量图

根据公式 $A = P(A/P,i,n) = 1000(A/1000,8\%,8)$

$$= 1000 \times 0.174 = 174\ 万元$$

以上介绍了资金等值的几个主要计算公式,汇总起来见表2-2。

资金等值主要计算公式汇总表　　　　　　　　　　　　　　表2-2

发生特征	所求名称	已知	求	公　　式
一次支付	本利和	P,i,n	F	$F = P(1+i)^n = P(F/P,i,n)$
	现值	F,i,n	P	$P = F\dfrac{1}{(1+i)^n} = F(P/F,i,n)$
等额支付	本利和	A,i,n	F	$F = A\left[\dfrac{(1+i)^n-1}{i}\right] = A(F/A,i,n)$
	偿债基金	F,i,n	A	$A = F\left[\dfrac{i}{(1+i)^n-1}\right] = F(A/F,i,n)$
	现　值	A,i,n	P	$P = A\left[\dfrac{1-(1+i)^{-n}}{i}\right] = A(P/A,i,n)$
	投资回收基金	P,i,n	A	$A = P\left[\dfrac{i}{1-(1+i)^{-n}}\right] = P(A/P,i,n)$

2.2.3　不同计息周期下等值的计算

前面所讲的各种计算等值的方法均是以年为单位计算的,但在实际生活中,人们存取资金时,往往并不一定是以年为单位存取的,这时如何计算? 是否仍可用前面所讲的公式? 下面我们通过实例来学习不同计息周期下等值的计算。

（1）计息周期等于支付周期的计算

[**例2-7**]　假设某人买彩票中奖10000美金,他打算把这笔钱用来投资,打算10年后结婚时取出,名义利率6%,按季度复利计算。那么10年末的终值是多少?

[**解**]　方法一:因为是按季度复利,所以一年计算4次利息,10年计息期数就是 $4 \times 10 = 40$ 次。季度利率是 $6\%/4 = 1.5\%$。代入一次支付求终值的公式计算可得

$$F = P(F/P,1.5\%,40) = 10000 \times 1.015^{40} = 10000 \times 1.814 = 18140（美元）$$

方法二:先把名义利率6%换算为年有效利率

根据公式 $i = (1+r/m)^m - 1 = 6.14\%$

然后代入公式得 $F = P(F/P,6.14\%,10) = 10000 \times 1.0614^{10} = 18140（美元）$

20

（2）计息周期小于支付周期的计算

[例2-8] 假设某人购买一套住房向银行贷款，从现在起连续3年的年末需要向银行等额支付5万元人民币，银行年利率为10%，每半年计息一次，求其向银行贷款了多少钱？

[解] 方法一：可把等额支付的每一次支付看作为一次支付，利用一次现值公式计算：

$$P = 5 \times (1 + 10\%/2)^{-2} + 5 \times (1 + 10\%/2)^{-4} + 5 \times (1 + 10\%/2)^{-6} = 12.38 \text{ 万元}$$

方法二：先求出支付期的有效年利率，支付期为1年，则有效年利率为

$$i = (1 + r/m)^m - 1 = (1 + 10\%/2)^2 - 1 = 10.25\%$$

则 $P = A[(1 + i)^n - 1]/[i(1 + i)^n] = 12.38$ 万元。

（3）利率随时间变化

[例2-9] 假设某人在五年里每年向银行存入2万人民币，年利率为4%。但在第六年末由于经济过热，国家宏观调控实施稳健的货币政策，银行年利率调整到6%，但他没有从银行提出本息而是继续在银行存到第10年末，那么10年末他可以提出的本利和应该是多少？

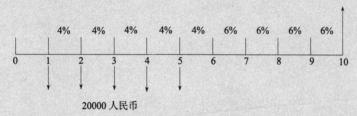

$$F = 20000(F/A, 4\%, 5)(F/P, 4\%, 1)(F/P, 6\%, 4) = 14.22 \text{ 万元}$$

思 考 题

1. 什么是资金的时间价值？资金产生时间价值的原因是什么？

2. 简述名义利率和实际利率的区别？一家商业银行以每月5‰的复利利率提供贷款。求名义利率是多少？年实际利率是多少？

3. 某人打算购买一辆20万元人民币的某国产轿车，在2年以内以每月1万元的方式分期付款。请问这种资金筹措方式的实际利率是多少？

4. 什么是资金的等值？等值在实际工程中有何用途？

5. 某人需要现金30万元来支付其所购买的一套住房的首付款，假设他可以从公司的公益金中借款，并每隔半年等额偿还借款，如果借款利率为10%并按连续复利计算，20年还清，那么这个人每半年应该偿还多少钱？

6. 某人从工作那年开始每年向银行存10000元人民币作为自己将来的养老金，名义利率是10%，按连续复利计算在35年后总共积累多少钱？

假如35年后开始使用该养老金，连续取10年，每年从银行取出等额的钱，那么每年可以从银行取出多少钱？

7. 在某人出生的时候，家人为其存入一笔钱，年利率是10%，在20岁的时候，这笔钱将增值到10万人民币，那么家人在其出生时到底存入了多少钱？

8. 给出表2-3所示的现金流量：

现金流量表（单位：万元） 表2-3

年末	1	2	3	4	5
现金流量	8000	15000	22000	29000	36000

如果年利率是 10%，那么年度等值是多少?

9. 有人从银行贷款买了一套住房，贷款月利率是 8‰，按月复利 20 年还清。如果每月需要按揭支付 5000 元人民币（本利和）。那么此人从银行贷了多少钱?

第 3 章　工程项目经济效果评价指标与方法

3.1　现金流量要素

工程项目的投资、成本、收入和税金等构成了工程经济分析中的现金流量要素。

3.1.1　投资

1. 项目总投资的构成

投资是投资者为实现预期目标而预先垫支的资金。

项目总投资是指项目建设和投入运营所需要的全部投资，为建设投资、建设期利息和全部流动资金之和。

（1）建设投资

建设投资，是保证项目建设的必要资金。按概算法分类，建设投资由工程费用、工程建设其他费用和预备费三部分构成。工程费用由建筑工程费、设备购置费（含工器具及生产家具购置费）和安装工程费构成。工程建设其他费用是指建设投资中除建筑工程费、设备及工器具购置费、安装工程费以外所必须花费的其他费用，如土地使用费、建设单位管理费、勘察设计费、研究试验费、建设单位临时设施费、工程建设监理费、工程保险费等。预备费包括基本预备费和涨价预备费。基本预备费是指在项目实施中可能发生的难以预料的支出，需要事先预留的费用，又称不可预见费。涨价预备费是对建设工期比较长的项目，由于在建设期内可能发生材料、设备等价格上涨引起投资增加，需要事先预留的费用。

按形成资产法分类，建设投资由形成固定资产的费用、形成无形资产的费用、形成其他资产的费用和预备费四部分组成。固定资产费用指项目投产时将直接形成固定资产的建设投资，包括工程费用和工程建设其他费用中按规定将形成固定资产的费用，后者被称为固定资产其他费用，主要包括建设单位管理费、可行性研究费、研究试验费、勘察设计费、环境影响评价费等。无形资产费用指将直接形成无形资产的建设投资，主要是专利权、非专利技术、商标权、土地使用权和商誉等。其他资产费用指建设投资中除形成固定资产和无形资产以外的部分，如生产准备及开办费等。

（2）建设期利息

建设期利息是指项目借款在建设期内发生应计入固定资产原值的利息。

（3）流动资金

流动资金是指营运期内长期占用并周转使用的营运资金，即为维持正常生产经营用于购买原材料、燃料、支付工资及其他生产经营费用等所必不可少的周转资金，是项目总投资的重要组成部分，为项目投产时所用，在数量上它等于流动资产与流动负债的差额。

流动资产是指可以在一年内或者超过一年的一个营业周期内变现或者运用的资产，包括现金、应收帐款、存货等。

流动负债是指可以在一年内或者超过一年的一个营业周期内偿还的债务，包括短期借款、应付帐款等。

流动资金在项目投产初期投入，在项目寿命期终了全部回收。

2. 总投资形成的资产

根据资产保全的原则和企业资产划分的有关规定，投资项目在交付使用时，项目投入的全部资金分别形成固定资产、无形资产、其他资产和流动资产。

（1）形成固定资产

固定资产是指使用期限超过一年，单位价值在规定标准以上（或单位价值虽然低于规定标准，但属于企业的主要设备等），并且在使用过程中保持原有物质形态的资产，包括房屋及建筑物、机器设备、运输设备、工具器具等。经济分析中将建筑工程费、设备及工器具购置费、安装工程费、建设期利息、预备费以及工程建设其他费用中除应计入无形资产和其他资产以外的全部费用计入固定资产原值。固定资产在生产过程中虽然始终保持原有物质形态，其价值却由于不断磨损而不断变化。投产时核定的固定资产价值应在其使用期内分期提取折旧。

（2）形成无形资产

无形资产是指企业能长期使用但是没有实物形态的资产，包括专利权、商标权、土地使用权、非专利技术、商誉等。项目经济评价中可将工程建设其他费用中的土地使用权及技术转让费等计入无形资产。在财务处理上，购入或按法律程序取得的无形资产支出，一般予以资本金化，在其受益期内分期摊销。

（3）形成其他资产

形成其他资产原值的费用主要包括生产准备费、开办费、出国人员费、来华人员费、图纸资料翻译复制费、样品样机购置费和农业开荒费等。其中开办费是企业在筹建期间发生的费用，包括筹建期间人员工资、办公费、培训费、差旅费、印刷费、注册登记费等。

（4）形成流动资产

总投资中的流动资金与流动负债共同形成流动资产。

3.1.2 成本

1. 总成本费用

总成本费用是指项目在一定时期内（一般为 1 年）为生产和销售产品所花费的全部成本和费用。总成本费用由产品制造成本（生产成本）和期间费用组成。

（1）产品制造成本

产品制造成本也称生产成本，包括直接材料、直接人工和制造费用等。

直接材料指直接用于产品生产、构成产品实体的原料及主要材料、外购半成品、辅助材料及其他直接材料。

直接人工指直接参加产品生产的工人工资、奖金、津贴及福利费等。

制造费用指发生在生产单位（车间）的各项间接费用。包括生产单位管理人员工资、奖金、津贴、福利费；生产单位房屋、建筑物等固定资产折旧费；维修费；低值易耗品；取暖费、水电费、差旅费、保险费、劳动保护费等。它不包括企业行政管理部门为组织和管理生产经营活动而发生的管理费用。

（2）期间费用

期间费用是指不直接归属于某个特定产品成本的费用。它容易确定其发生的期间，而难以判别其所应归属的产品，包括管理费用、财务费用和营业费用。

管理费用指企业行政管理部门为组织和管理生产经营活动而发生的各项费用，包括企业管理人员的工资、福利；固定资产折旧费；无形资产及递延资产摊销费；办公费、差旅费、技术转让费；土地使用税、车船使用税、房产税、印花税等。

财务费用指企业为筹集生产经营所需要的资金而发生的费用，包括利息支出、汇兑损失、金融机构手续费等。

营业费用指企业在销售商品过程中发生的各项费用以及专设销售机构的各项经费，包括销售人员工资及福利费、专设销售机构费、广告费、折旧费等。

2. 经营成本

经营成本是为工程经济分析的方便从总成本费用中分离出来的一部分费用。其计算公式为：

$$经营成本 = 总成本费用 - 折旧费 - 摊销费 - 利息费用 \qquad (3\text{-}1)$$

经营成本是项目经济评价中的一个专业术语，它在编制项目计算期内的现金流量表和方案比较中是很重要的。现金流量计算与成本核算不同，按照现金流量的含义，只计算现金收支，不计算非现金收支。固定资产折旧费、无形及其他资产摊销费只是项目系统内部的现金转移，而非现金支出。因此，经营成本中不包括折旧费和摊销费。另外，按国家新的财务制度规定，项目生产经营期内发生的借款利息计入产品总成本费用中的财务费用中。由于融资前的现金流量分析需要剔除利息的影响，因此，经营成本中不包括借款利息。

3. 可变成本与固定成本

总成本费用按其与产量变化的关系分为可变成本、固定成本和半固定半可变成本。半固定半可变成本界于可变成本与固定成本之间，可用适当的方法（如线性回归法）折为可变成本与固定成本。因此，产品总成本费用最终可划分为可变成本和固定成本。

可变成本是指随产量变化而变化的成本，如直接材料费、燃料和动力费等。

固定成本指其发生额与产量的增减无直接关系的费用，如折旧费、摊销费、修理费、工资及福利费（计件工资除外）和其他费用等。

3.1.3 收入、利润及税金

1. 销售收入

销售收入是工程经济分析中现金流入的重要成份。

销售收入是企业向社会出售商品或提供劳务的货币收入，其计算公式为：

$$销售收入 = 销售量 \times 销售单价$$

销售收入是产品经过生产流通领域后给企业带来的真正收益。

2. 利润

利润是企业在一定时期内的纯收入。利润的实现表明企业生产耗费得到了补偿，并取得了盈利。

利润可分为销售利润和税后利润。

$$销售利润 = 销售收入 - 总成本费用 - 营业税金及附加 \qquad (3\text{-}2)$$

$$税后利润 = 销售利润 - 所得税 \qquad (3\text{-}3)$$

企业利润既是国家财政收入的基本来源，又是企业扩大再生产的重要资金来源。

3. 税金

税金是国家依据税法对有纳税义务的单位和个人征收的财政资金，是国家财政收入的基本来源。工程经济分析需考虑以下税种：

（1）增值税

增值税是对商品生产和流通各环节的增值额征收的一种税。它的特点是对商品的增值额计税，以避免商品每经过一个流通环节就征一次税而产生重复征税的问题。在我国境内销售货物或提供加工、修理修配劳务以及进口货物的单位或个人都应缴纳增值税。增值税是价外税，即商品价格中不含税。由于增值额在商品流通过程中是一个难以准确计算的数，因此，在增值税的实际操作上采用间接计算方法，即从事货物销售以及提供应税劳务的纳税人，要根据货物或应税劳务销售额，按照规定税率计算税款，然后从中扣除上一道环节已纳税款，其差额即为纳税人应缴纳的增值税额。其基本计算公式为：

$$应纳税额 = 销项税额 - 进项税额 \qquad (3\text{-}4)$$

$$销项税额 = 销售额 \times 税率 \qquad (3\text{-}5)$$

$$进项税额 = 买价 \times 税率 \qquad (3\text{-}6)$$

（2）营业税

营业税是对在我国境内提供应税劳务、转让无形资产或销售不动产的单位和个人征收的税种。它以营业收入额为计税依据，其税率按行业、类别的不同分别设置。其计算公式为

$$应纳税额 = 营业额 \times 适用税率 \qquad (3\text{-}7)$$

（3）消费税

消费税是对在我国境内生产、委托加工和进口应税消费品的单位或个人征收的税种。目前我国的应税消费品包括烟、酒及酒精、化妆品、护肤护发品、贵重首饰及珠宝玉石、鞭炮焰火、汽油、柴油、汽车轮胎、摩托车、小汽车等 11 类。

消费税在生产和进口环节征收，进入流通领域不再征收消费税。消费税的计算实行从价定率或从量定额的办法。

$$实行从价定率办法计算的应纳税额 = 销售额 \times 税率 \qquad (3\text{-}8)$$

$$实行从量定额办法计算的应纳税额 = 销售数量 \times 单位税额 \qquad (3\text{-}9)$$

（4）城市维护建设税

城市维护建设税是国家为加强城市的维护建设而对缴纳"三税"（增值税、消费税、营业税）的单位和个人就其实际缴纳"三税"税额为计税依据而征收的一种税。城建税按所在地不同，设置了三档差别比例税率，即：

纳税人所在地为市区的，税率为 7%；

纳税人所在地为县城、镇的，税率为 5%；

其他地区税率为 1%。

其计算公式为

$$应纳税额 = 纳税人实际缴纳"三税"税额 \times 适用税率 \qquad (3\text{-}10)$$

（5）教育费附加

26

教育费附加是为了加快教育事业的发展，扩大教育经费来源而以"三税"为计税依据征收的一个税种，其税率为3%。

其计算公式为

$$\text{应纳税额} = \text{纳税人实际缴纳"三税"税额} \times \text{适用税率} \tag{3-11}$$

（6）所得税

所得税是国家对境内企业生产、经营所得和其他所得依法征收的一种税。它是国家参与企业利润分配的重要手段。计算公式为：

$$\text{应纳税额} = \text{应纳税所得额} \times \text{税率} \tag{3-12}$$

有的税金直接从销售收入中扣除，而有的税金是从利润中扣除。从销售收入中直接扣除的营业税金及附加包括营业税、消费税、资源税、城市维护建设税和教育费附加等。增值税作为价外税除外。从利润中扣除的税金为所得税。

3.2 经济效果评价指标

经济效果评价指标是多种多样的，它们从不同的角度反映项目的经济特性。按是否考虑资金的时间价值，经济效果评价指标分为静态评价指标与动态评价指标。不考虑资金时间价值的指标称为静态评价指标；考虑资金时间价值的评价指标称为动态评价指标。静态评价指标主要用于技术经济数据不完备和不精确的项目初选阶段，或对寿命期比较短的项目以及对于逐年收益大致相等的项目进行评价；动态评价指标则用于项目最后决策前的可行性研究阶段，或对寿命期较长的项目以及逐年收益不相等的项目进行评价。

3.2.1 静态评价指标

1. 静态投资回收期（P_t）

静态投资回收期是在不考虑资金时间价值条件下，以项目净收益抵偿项目全部投资所需要的时间。通常以年为单位，从项目建设开始年算起，静态投资回收期一般是越短越好，其表达式为：

$$\sum_{t=0}^{P_t} (CI - CO)_t = 0 \tag{3-13}$$

式中 CI ——现金流入量；

  CO ——现金流出量；

$(CI - CO)_t$ ——第 t 年的净现金流量；

  P_t ——静态投资回收期。

静态投资回收期计算公式的更为实用的表达式为：

$$P_t = T - 1 + \frac{\text{第（}T-1\text{）年的累计净现金流量的绝对值}}{\text{第 } T \text{ 年的净现金流量}} \tag{3-14}$$

式中 T ——累计净现金流量开始出现正值的年份。

按上式计算所得的项目投资回收期（P_t）还要与行业的基准投资回收期（P_c）比较，判别准则为：

若 $P_t \leqslant P_c$，可以考虑接受项目；若 $P_t > P_c$，则项目应予拒绝。

[例3-1] 某投资项目净现金流量及累计净现金流量如表3-1所示，求静态投资回收期。

项目净现金流量表（单位：万元）　　　　　表3-1

年　　份	1	2	3	4	5	6～20
净现金流量	−100	−150	−80	32	64	80
累计净现金流量	−100	−250	−330	−298	−234	……

[解]

$$P_t = (8-1) + \frac{74}{80} = 7 + 0.925 = 7.925 \text{ 年}$$

静态投资回收期指标的主要优点是概念清晰，简单易算，可反映项目投资的风险大小。项目投资面临着未来不确定性因素的挑战，这种不确定性所带来的风险随时间的延长而增加。为了减少这种风险，投资者就必然希望投资回收期越短越好。

静态投资回收期指标的不足之处是不能反映项目在回收投资以后的收益情况，无法反映项目的盈利水平，难免有一定的片面性；没有考虑资金的时间价值。

2. 总投资收益率（ROI）

总投资收益率表示总投资的盈利水平，指项目达到设计能力后正常年份的年息税前利润或运营期内年平均息税前利润（EBIT）与项目总投资（TI）的比率，计算公式为：

$$ROI = \frac{EBIT}{TI} \times 100\% \tag{3-15}$$

式中　EBIT——项目正常年份的年息税前利润或运营期内年平均息税前利润；

　　　TI——项目总投资。

总投资收益率高于同行业的收益率参考值，表明用总投资收益率表示的盈利能力满足要求。

3. 项目资本金净利润率（ROE）

项目资本金净利润率表示项目资本金的盈利水平，达到设计能力后正常年份的年净利润或运营期内年平均净利润（NP）与项目资本金（EC）的比率，计算公式为：

$$ROE = \frac{NP}{EC} \times 100\% \tag{3-16}$$

式中　NP——项目正常年份的年净利润或运营期内年平均净利润；

　　　EC——项目资本金。

项目资本金净利润率高于同行业的净利润率参考值，表明用项目资本金净利润率表示的盈利能力满足要求。

4. 利息备付率（ICR）

利息备付率是指项目在借款偿还期内，各年可用于支付利息的息税前利润（EBIT）与当期应付利息（PI）的比值，它从付息资金来源的充裕性角度反映项目偿付债务利息的保障程度，计算公式为：

$$ICR = \frac{EBIT}{PI} \tag{3-17}$$

式中　EBIT——息税前利润；

　　　PI——计入总成本费用的应付利息。

利息备付率应分年计算。利息备付率高，表明利息偿付的保障程度高。

利息备付率应当大于1，并结合债权人的要求确定。

5. 偿债备付率（DSCR）

偿债备付率是指项目在借款偿还期内，当年可用于还本付息的资金（$EBITDA - T_{AX}$）与当年应付还本付息金额（PD）的比值，它表示可用于还本付息的资金偿还借款本息的保障程度，计算公式为：

$$DSCR = \frac{EBITDA - T_{AX}}{PD} \tag{3-18}$$

式中 $EBITDA$——息税前利润加折旧加摊销；

$\quad\quad T_{AX}$——企业所得税；

$\quad\quad PD$——应还本付息金额，包括还本金额和计入总成本费用的全部利息。

偿债备付率应分年计算。偿债备付率高，表明可用于还本付息的资金保障程度高。

偿债备付率应当大于1，并结合债权人的要求确定。

6. 资产负债率

资产负债率是反映项目各年所面临的财务风险程度及偿债能力的指标。其表达式为：

$$资产负债率 = \frac{负债总额}{资产总额} \times 100\% \tag{3-19}$$

7. 流动比率

流动比率是反映项目各年偿付流动负债能力的指标。其表达式为：

$$流动比率 = \frac{流动资产}{流动负债} \times 100\% \tag{3-20}$$

判别准则：流动比率高，支付流动负债能力强，但比率太高会影响盈利水平，一般说来，保持2∶1的流动比率较为适当，但不同的公司有不同的水平、标准。

8. 速动比率

$$速动比率 = \frac{流动资产 - 存货}{流动负债总额} \times 100\% \tag{3-21}$$

速动比率是反映项目在短时间内偿付流动负债能力的指标。其表达式为：

判别准则：速动比率一般在1~1.2范围内较合适。但不同的公司有不同的水平、标准。

3.2.2 动态评价指标

动态评价指标不仅考虑了资金的时间价值，而且考虑了项目在整个寿命期内收入与支出的全部经济数据。因此，它们是比静态指标更全面、更科学的评价指标，多用于项目决策前的可行性研究阶段。

1. 净现值（NPV）

净现值是指按设定的折现率或基准收益率，将项目寿命期内每年发生的现金流量折现到建设期初的现值之和。它是对项目进行动态评价的最重要指标之一。其表达式为：

$$NPV = \sum_{t=0}^{n} (CI - CO)_t (1 + i_c)^{-t} \tag{3-22}$$

式中 NPV ——净现值；

        i_c——基准折现率或基准收益率。

判别准则：对单一项目方案，若 $NPV \geq 0$，则项目应予接受；若 $NPV < 0$，则项目应予拒绝。多方案比选时，净现值越大的方案相对越优。

净现值的主要优点是：考虑了资金的时间价值并全面考虑了项目在整个寿命期内的经济状况；直接以货币额表示项目的超额收益，经济意义明确直观。净现值的主要问题是必须事先确定一个比较符合经济现实的基准收益率 i_c，而基准收益率的确定是一个比较复杂的困难问题，基准收益率定得太高，会失掉一些经济效益好的项目；若定得太低，则可能会接受过多的项目，其中的一些经济效益并不好。

在多方案比较时，如果几个方案的 NPV 值都大于零但投资规模相差较大，可以进一步用净现值指数（$NPVI$）作为净现值的辅助指标。净现值指数是项目净现值与项目投资总额现值之比，其经济涵义是单位投资所能带来的净现值。其表达式为：

$$NPVI = \frac{NPV}{K_p} = \frac{\sum_{t=0}^{n} (CI - CO)(1 + i_c)^{-t}}{\sum_{t=0}^{n} K_t (1 + i_c)^{-t}} \tag{3-23}$$

式中 K_p——项目总投资现值。

对于单一项目而言，净现值指数判别准则与净现值一样；对多方案评价，净现值指数越大越好。

[例 3-2] 某企业投资的建设项目，第一年投资 2000 万元，第二年投资 5000 万元，两年建成后投产使用，每年的经营成本见表 3-2。建成后，该企业可经营期限为十年，之后由政府无偿收回。基准收益率为 7%，求企业开发该项目的净现值，并判断是否可行。

某建设项目的收入和成本（单位：万元）   表 3-2

年份	0	1	2	3	4	5	6	7	8	9	10	11
投资额	-2000	-5000										
年收入			800	900	1000	1000	1000	1000	1000	1000	1000	1000
年经营成本			300	300	200	200	200	200	200	200	200	200
净现金流量	-2000	-5000	500	600	800	800	800	800	800	800	800	800

[解] $NPV = \sum_{t=0}^{n} (CI - CO)_t (1 + i_c)^{-t} = \sum_{t=0}^{11} (CI - CO)_t (1 + 0.07)^{-t} = -1846.92 < 0$

该项目不可行。

2. 净年值（NAV）

净年值是通过资金等值换算将项目净现值分摊到寿命期内各年的等额年值。其表达式为：

$$NAV = NPV(A/P, i_c, n) = \sum_{t=0}^{n} (CI - CO)_t (1 + i_c)^{-t} (A/P, i_c, n) \tag{3-24}$$

判别准则：若 $NAV \geq 0$，则项目在经济效果上可行；若 $NAV < 0$，则项目在经济效果上不可行。

就评价结论而言，净年值与净现值是等效评价指标。但这两个指标的经济意义是不相同的。净现值说明了整个计算期的盈亏情况；净年值则说明了计算期内每年的盈亏情况。

净年值指标适用于分析投资期限不同的方案评价。

3. 费用现值（PC）

在实际的方案比选中，常常遇到各方案的生产能力相同或各方案的收入基本相同，或收入难以用货币计量，这时计算净现值指标可以省略现金流量中的收入，只计算支出，这样计算的结果称为费用现值。为方便起见支出取正号。其表达式为：

$$PC = \sum_{t=0}^{n} CO_t(P/F, i_c, n) \tag{3-25}$$

4. 费用年值（AC）

与费用现值相同，费用年值也适用于多方案比较时各方案收入相等的情况，其表达式为：

$$AC = PC(A/P, i_c, n) \tag{3-26}$$

费用年值与费用现值的判别准则：费用年值或费用现值最小的方案为优。

5. 内部收益率（IRR）

内部收益率就是使项目在计算期内净现值等于零的折现率，它反映了项目所占用资金的盈利率，其表达式为：

$$\sum_{t=0}^{n} (CI - CO)_t(1 + IRR)^{-t} = 0 \tag{3-27}$$

前面讲述的方法必须预先确定一个折现率，或基准收益率，而且只知结论是否达到或超过给定的折现率或基准收益率，而并没有求出项目实际达到的收益水平。内部收益率分析法一方面回避了 i 值的预选，另一方面反映了项目实际达到的盈利水平，因此，在方案评选中得到了广泛的应用。

判别准则：设基准收益率为 i_c，若 $IRR \geq i_c$，项目可以接受；若 $IRR < i_c$，则项目应予拒绝。

求 IRR，一般用试算法。其计算步骤为：

（1）作出方案的现金流量图，列出净现值的计算公式。

（2）选择一个适当的收益率代入净现值的计算公式，试算出净现值。如果 $NPV > 0$，说明这个试算的收益率偏小，应加大；如果 $NVP < 0$，说明试算的收益率偏大，应减小。

（3）重复步骤（2）。

（4）当试算得出的两个净现值绝对值都较小，且它们的符号相反，同时这两个试算的收益率相差不超过 2% ~ 5%，这时就可以利用线性插值法求出内部收益率的近似解，如图 3-1 所示。

计算公式为：

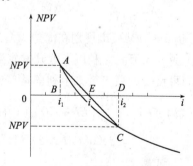

图 3-1 线性插值法求解 IRR 原理图

$$IRR = i_1 + \frac{NPV_1}{NPV_1 + |NPV_2|}(i_2 - i_1) \tag{3-28}$$

式中　i_1——试算用的较低收益率；

　　　i_2——试算用的较高收益率；

　NPV_1——用 i_1 计算的净现值（正值）；

　NPV_2——用 i_2 计算的净现值（负值）。

[例3-3] 某工程的现金流量表见表3-3所示，基准收益率为11%，使用内部收益率法分析该方案是否可行。

现金流量表（单位：万元） 表3-3

年份	0	1	2	3	4	5
投资额	-2000					
年收入		700	800	800	800	1400
年经营成本		400	300	300	300	200
净现金流量	-2000	300	500	500	500	1200

[解]

$i_1 = 12\%$

$NPV(i_1) = -2000 + 300(P/F,12\%,1) + 500(P/A,12\%,3)(P/F,12\%,1)$
$+1200(P/F,12\%,5)$
$= -2000 + 300 \times 0.8929 + 500 \times 2.4018 \times 0.8929 + 1200 \times 0.5674 = 21$ 万元 > 0

$i_2 = 14\%$

$NPV(i_1) = -2000 + 300(P/F,14\%,1) + 500(P/A,14\%,3)(P/F,14\%,1)$
$+1200(P/F,14\%,5)$
$= -9$ 万元 < 0

可见 IRR 在 12% ~ 14% 之间

$IRR = i = i_1 + BE = i_1 + NPV_1(i_2 - i_1)/[NPV_1 + |NPV_2|]$
$= 12\% + 21(14\% - 12\%)/(21 + 9)$
$\approx 12.4\% > 10\%$

方案可行。

[例3-4] 某城市规划在海边填海造地，需投资800万元，允许使用5年，取得土地后每年上税8.5万元。利用土地开发旅游业每年至少可收入15万元，5年后土地可卖1500万元。问可接受的最多贷款年利率是多少？

[解] $NPV = \sum_{t=0}^{5}(CI - CO)_t(1 + i)^{-t}$
$= [1500(P/F,i,5) + 15(P/A,i,5)] - [800 + 8.5 \times (P/A,i,5)]$

试算 $i_1 = 12\%$

$NPV_1 = 74.53 > 0$

$i_2 = 15\%$

$NPV_2 = -32.43 < 0$

$IRR = i_1 + \dfrac{NPV_1(i_2 - i_1)}{NPV_1 + |NPV_2|} \approx 14\%$

若贷款利率 $i < IRR = 14\%$，说明此项目可进一步研究。

6. 差额投资内部收益率（ΔIRR）

净现值和内部收益率是项目评估中两个最重要的指标，在项目评估中，要求都做，但在项目的多方案评价中,若出现净现值大者,内部收益率小;而净现值小者,内部收益率却较大,该如何取舍呢? 这就是方案比选中差额投资内部收益率法所要解决的问题。

差额投资内部收益率就是两个方案的差额净现值为零时的内部收益率。其表达式为:

$$\sum_{t=0}^{n} \left[(CI - CO)_2 - (CI - CO)_1 \right]_t (1 + \Delta IRR)^{-t} = 0 \qquad (3-29)$$

式中　$(CI - CO)_2$——投资大的方案的净现金流量;

　　　$(CI - CO)_1$——投资小的方案的净现金流量;

　　　ΔIRR——差额投资内部收益率。

方案评选的准则: $\Delta IRR > i_c$,投资大的方案优越; $\Delta IRR < i_c$,投资小的方案优越。

7. 动态投资回收期 (P'_t)

动态投资回收期是在计算回收期时考虑了资金的时间价值。其表达式为:

$$\sum_{t=0}^{P'_t} (CI - CO)_t (1 + i_c)^{-t} = 0 \qquad (3-30)$$

式中　P'_t——动态投资回收期。

判别准则: 设基准动态投资回收期为 T'_c。若 $P'_t < T'_c$,项目可以被接受,否则应予拒绝。

[例3-5] 某工程的现金流量表见表3-4所示,基准收益率为10%,基准动态投资回收期为9年,用表中数据计算动态投资回收期。

现金流量表(单位: 万元)　　　　　表3-4

年　份	净现金流量	累计净现金流量	折现值	累计折现值
0	-6000	-6000	-6000	-6000
1	0	-6000	0	-6000
2	0	-6000	0	-6000
3	800	-5200	601.0	-5398.96
4	1200	-4000	819.6	-4579.39
5	1600	-2400	993.4	-3585.95
6	2000	-400	1129	-2456.95
7	2000	1600	1026.4	-1430.55
8	2000	3600	933	-497.55
9	2000	5600	848.2	350.75
10 ~ N	2000			

[解]

$$P_t = 9 - 1 + 497.55/848.2 \approx 8.59(年) < 9$$

按动态投资回收期评价,该方案可以接受。

3.3 方案比选与项目排序

投资者所面临的投资选择往往是一组项目群，所追求的目标是项目群整体最优化。投资者在进行项目群选优时，首先必须分析各项目方案之间的相互关系，同时选择正确的评价指标，才能以简便的方法作出科学决策。

按照投资项目方案之间的经济关系，可将投资方案分为独立型、互斥型和相关型。所谓独立的投资方案，是指在一组方案中采纳了某一方案，并不影响再采纳其他的方案，只要资金充裕，可以同时兴建几个项目，它们之间并不互相排斥。所谓互斥的投资方案，是指方案之间的关系具有互不相容、互相排斥的性质，即在一组投资方案中只能选择一个方案，其余方案必须放弃。所谓相关的投资方案，是指在多个方案之间，如果接受（或拒绝）某一方案，会显著改变其他方案的现金流量；或者接受（或拒绝）某一方案会影响对其他方案的接受（或拒绝），则称这些方案是相关的。本节的目的是在划分方案类型的基础上，讨论如何运用前面的各种评价指标进行项目的评价与方案的选优。

3.3.1 独立方案的经济效果评价方法

独立方案的经济效果评价不需要进行方案比较，只需考察方案自身的经济效果，即只需考察它们自身的评价指标是否能够达到某一评价标准。因此，多个独立方案与单一方案的评价方法是相同的。

[**例3-6**] 两个独立方案 A、B 其现金流量如表 3-5 所示。试判断其经济可行性。$i_c = 15\%$。

现金流量表（单位：万元） 表 3-5

方　案 ＼ 年　末	0	1～10
A	-200	45
B	-400	60

[**解**] 先分别计算各方案的绝对经济效果评价指标，可选用 NPV、NAV 或 IRR 指标。然后根据各指标的判别准则进行检验，决定方案取舍。

①采用 NPV 指标，计算各方案 NPV 值如下：

$$NPV_A = -200 + 45(P/A, 15\%, 10) = 25.8(万元)$$

$$NPV_B = -400 + 60(P/A, 15\%, 10) = -98.86(万元)$$

由于 $NPV_A > 0$，表明其在经济上是可行的，可以接受。

$NPV_B < 0$，表明其在经济上是不可行的，应予以拒绝。

②采用 NAV 指标，计算结果如下：

$$NPV_A = -200(A/P, 15\%, 10) + 45 = 5.14(万元)$$

$$NPV_B = -400(A/P, 15\%, 10) + 60 = -19.72(万元)$$

由于 $NAV_A > 0$，可以考虑接受；$NAV_B < 0$，则应予以拒绝。

③采用 IRR 指标：
$$A 方案：-200+45(P/A, IRR_A, 10)=0$$
$$B 方案：-400+60(P/A, IRR_B, 10)=0$$
采用线性插值法计算出 $IRR_A=18.5\%$；$IRR_B=8.15\%$。

由于 $IRR_A>i_c(15\%)$，方案 A 通过了评价标准，可以接受；$IRR_B<i_c(15\%)$，方案 B 没有通过评价标准，则应予以拒绝。

由此例可见，对于独立方案而言，不论采用净现值、净年值和内部收益率法中的何种评价指标，评价结论都是一致的。故实践中只需采用上述指标之一进行检验即可。

3.3.2 互斥方案的经济效果评价

在互斥方案类型中，经济效果评价包含了两部分内容：一是考察各个方案自身的经济效果，称为绝对效果检验；二是考察哪个方案相对最优，称为相对效果检验。通常两种检验缺一不可。互斥方案经济效果评价的特点是要进行方案比选，因此，不论使用何种评价指标，都必须使各方案在使用功能、定额标准、计费范围及价格等方面满足可比性。

互斥方案评价中使用的评价指标有净现值、净年值、费用现值、费用年值以及差额投资内部收益率等。下面我们分方案寿命期相等、方案寿命期不等两种情况讨论互斥方案的经济效果评价。

1. 寿命相等的互斥方案经济效果评价

（1）净现值与净年值法

对于寿命相等的互斥方案的经济效果评价，净现值与净年值法是等效的评价方法。

用净现值或净年值法评价互斥方案的步骤如下：

第一步，计算各方案的净现值或净年值，进行绝对效果检验，将净现值或净年值小于零的方案淘汰掉。

第二步，计算各方案之间的相对效果。对于净现值或净年值指标来说，可将各方案的净现值或净年值直接比较。

第三步，选出净现值或净年值大于或等于零且净现值或净年值最大的方案作为最优可行方案。

[例 3-7] 经营房地产企业的行业基准收益率 $i_c=15\%$。在有限的用地上，某高层住宅有四种设计方案，预测其收入、支出如表 3-6，住宅经济寿命至少 40 年。从经营财务角度应选择何种方案？

项目投资、收入及支出情况表（单位：万元）　　　　　　　　　　表 3-6

层数	12	14	16	18
建设初投资	1200	1500	1860	2310
年运行费	90	150	180	252
年收入	240	360	540	636

住宅的经济寿命很长，但动态分析的分析期不宜取得过长，很少超过 20～30 年，本例 $n=20$ 年，假定残值为 0。

[解] ①采用净现值法，计算各方案 NPV 值如下：

$$NPV_{12} = 240(P/A, 0.15, 20) - [90(P/A, 0.15, 20) + 1200]$$
$$= 240 \times 6.259 - [90 \times 6.259 + 1200]$$
$$= -261.15 \text{ 万元} < 0$$
$$NPV_{14} = 360(P/A, 0.15, 20) - [150(P/A, 0.15, 20) + 1500]$$
$$= 360 \times 6.259 - [150 \times 6.259 + 1500]$$
$$= -185.61 \text{ 万元} < 0$$
$$NPV_{16} = 540(P/A, 0.15, 20) - [180(P/A, 0.15, 20) + 1860]$$
$$= 393.24 \text{ 万元} > 0$$
$$NPV_{18} = 636(P/A, 0.15, 20) - [252(P/A, 0.15, 20) + 2310]$$
$$= 93.46 \text{ 万元} > 0$$

由于 $NPV_{16} > 0$ 且净现值最大，因此 16 层方案为最优可行方案。

②采用净年值法，计算各方案 NAV 值如下：

$$NAV_{12} = 240 - 90 - 1200(A/P, 0.15, 20) = -41.76 \qquad < 0$$
$$NAV_{14} = 360 - 150 - 1500(A/P, 0.15, 20) = -29.7 \qquad < 0$$
$$NAV_{16} = 540 - 180 - 1860(A/P, 0.15, 20) = 62.77 \qquad > 0$$
$$NAV_{18} = 636 - 252 - 2310(A/P, 0.15, 20) = 14.86 \qquad > 0$$

由于 $NAV_{16} > 0$ 且净年值最大，因此 16 层方案为最优可行方案。

（2）费用现值与费用年值法

对于效益相同或效益基本相同但难以具体估算的方案进行比较时，可采用最小费用法，包括费用现值与费用年值法。在被比较方案的寿命期相等时，费用现值与费用年值法是等效的，故两者只需计算其中一种即可。采用费用现值或费用年值法评价寿命期相等的方案，只须进行相对效果检验，判别准则是费用现值或费用年值最小者为最优方案。

[例3-8] 某预制场考虑购置起重机，类型 A（固定式）初投资 100000 元，年运行费 80000 元，残值 10000 元。类型 B（流动式）初投资 80000 元，年运行费 90000 元，残值为 0。$i_c = 8\%$，$n = 4$ 年。两类型起重机完成任务基本相同。问选择何种方案为宜？

[解] 两类型起重机完成任务相同，即可理解为收入是一样的。这时只需研究方案的支出或费用就可以了，费用最小的方案就是较优方案。

①采用费用现值法，计算结果如下：

$$PC_A = 100000 + 80000(P/A, 0.08, 4) - 10000(P/F, 0.08, 4) = 357618（元）$$
$$PC_B = 80000 + 90000(P/A, 0.08, 4) = 378089（元）$$

由于 $PC_A < PC_B$，应选择费用现值小的 A 方案。

②采用费用年值法，计算结果如下：

$$AC_A = 80000 - 10000(A/F, 0.08, 4) + 100000(A/P, 0.08, 4) = 107971（元）$$
$$AC_B = 90000 + 80000(A/P, 0.08, 4) = 114152（元）$$

由于 $AC_A < AC_B$，应选择费用年值最小的 A 方案。

（3）差额投资内部收益率法

内部收益率指标是一个重要而且常用的动态评价指标。但是用内部收益率法进行互斥方案比较，有时会得出与用净现值法或净年值法不一致的结论。在对互斥方案进行比较时，净现值或净年值最大准则是正确的判别标准。故在方案比较时，一般不直接采用内部收益率法，而是采用差额投资内部收益率法。因为差额投资内部收益率法的比选结论在任何情况下都与采用净现值法所得的结论一致。

值得指出的是，差额投资内部收益率指标只能反映两方案之间的增量现金流的经济性，不能反映各方案自身的经济效果。因此，在进行方案比选时，还要用内部收益率指标进行各方案的绝对效果检验。

采用差额投资内部收益率法进行互斥方案的比选，其步骤如下：

第一步，计算各方案的内部收益率 IRR，进行绝对效果检验。

第二步，计算各方案两两之间的差额投资内部收益率 ΔIRR，进行相对效果检验。

第三步，优选方案。其判别准则为：$\Delta IRR > i_c$，投资大的方案较优；$IRR < i_c$，投资小的方案较优。

[例3-9] 方案甲和乙是互斥方案，其现金流量如表3-7所示，试用差额投资内部收益率法对两方案进行评价选优。$i_c = 10\%$。

现金流量表（单位：万元） 表3-7

方　案　＼　年　末	0	1～10
甲	−200	39
乙	−100	20

[解] 首先检验两方案自身的经济效果。

$$-200 + 39(P/A, IRR_{甲}, 10) = 0$$
$$-100 + 20(P/A, IRR_{乙}, 10) = 0$$

计算得：$IRR_{甲} = 14.48\%$，$IRR_{乙} = 15.11\%$

因为 $IRR_{甲} > i_c$，$IRR_{乙} > i_c$，故两方案自身经济效果都可行。

其次计算两方案的差额投资内部收益率指标，进行相对效果检验。

$$-100 + 19(P/A, \Delta IRR, 10) = 0$$

计算得：$\Delta IRR = 13.84\% > i_c$

根据 ΔIRR 的判别准则，应选择投资大的甲方案。

2. 寿命期不等的互斥方案比选

寿命期不等的互斥方案比较主要采用净现值法和净年值法，也可以用费用现值法与费用年值法。

（1）净现值法

当互斥方案寿命不等时，一般情况下，各方案在各自寿命期内的净现值不具有可比性。这时，必须设定一个共同的分析期。分析期的设定通常有以下两种方法：

1）最小公倍数法

此法取备选方案寿命期的最小公倍数作为共同的分析期,同时假定备选方案可以在其寿命结束后按原方案重复实施若干次。例如,有两个备选方案,A 方案的寿命期为 6 年,B 方案的寿命期为 9 年,则共同的寿命期为 6 和 9 的最小公倍数 18,这时 A 方案重复三次,B 方案重复两次。

2)分析期法

根据对未来市场状况和技术发展前景的预测直接选取一个合适的分析期,假定寿命期短于此分析期的方案重复实施,并对各方案在分析期末的资产余值进行估价,到分析期结束时回收资产余值。在备选方案寿命期比较接近的情况下,一般取最短的方案寿命期作为分析期。

[例 3-10] 试对表 3-8 中二项寿命期不等的互斥方案作出取舍决策。$i_c = 15\%$。

项目现金流量表(单位:万元) 表 3-8

方案	初始投资	残值	年度净收入	寿命(年)
A	7000	200	3000	4
B	9000	300	3000	6

[解] 用最小公倍数法按净现值法对方案进行评价。计算期为 12 年。

$NPV_A = -7000 - 7000(P/F,15\%,4) - 7000(P/F,15\%,8) + 3000(P/A,15\%,12) + 200(P/F,15\%,4) + 200(P/F,15\%,8) + 200(P/F,15\%,12) = 3189.22(万元)$

$NPV_B = -9000 - 9000(P/F,15\%,6) + 3000(P/A,15\%,12) + 300(P/F,15\%,6) + 300(P/F,15\%,12) = 3558.06(万元)$

由于 $NPV_B > NPV_A > 0$,故选取 B 方案。

(2)净年值法

在对寿命不等的互斥方案进行比选时,净年值法是最为简便的方法。净年值法以年为时间单位比较各方案的经济效果,从而使寿命不等的互斥方案具有可比性。

[例 3-11] 对上例中的两方案用净年值法进行评价。$i_c = 15\%$。

[解] $NPV_A = -7000(A/P,15\%,4) + 3000 + 200(A/F,15\%,4) = 588.16(万元)$

$NPV_B = -9000(A/P,15\%,6) + 3000 + 300(A/F,15\%,6) = 656.11(万元)$

由于 $NAV_B > NAV_A > 0$,故方案 B 最优,与净现值法结论一致。

(3)费用现值法与费用年值法

对于仅有或仅需计算费用现金流量的寿命不等的互斥方案,可以比照净现值法和净年值法,用费用现值法或费用年值法进行比选。判别准则是:费用现值或费用年值最小的方案最优。

[例3-12] 某企业有一旧设备，工程技术人员提出更新要求，有关数据如表3-9所示。已知该企业要求的最低报酬率为15%。问是否更新旧设备？

有关数据表   表3-9

方案	原值（元）	预计使用年限（年）	已经使用年限（年）	残值（元）	变现价值（元）	年运行成本（元）
旧设备	2200	10	4	200	600	700
新设备	2400	10	0	300	2400	400

[解] 计算两方案的费用年值如下：

$$AC_{(旧设备)}=\left[600+700\times(P/A,15\%,6)-200\times(P/F,15\%,6)\right]\times(A/P,15\%,6)=836 \text{ 元}$$

$$AC_{(新设备)}=\left[2400+400\times(P/A,15\%,10)-300\times(P/F,15\%,10)\right]\times(A/P,15\%,10)=863 \text{ 元}$$

通过上述计算可知，使用旧设备的费用年值较低，不宜进行设备更新。

3.3.3 相关方案的经济效果评价

相关方案有几种不同的类型，其中最常见的两种类型为现金流量相关型与资金约束相关型。下面分别对这两种类型的相关方案选择方法进行介绍。

1. 现金流量相关型的方案选择

如果若干方案中任一方案的取舍会导致其他方案现金流量的变化，我们说这些方案之间存在着现金流量相关性。例如，有两种在技术上都可行的方案：一个是在某大河上建一座收费公路桥（方案A）；另一个是在桥址附近建收费轮渡码头（方案B），A、B方案并不完全互相排斥，那么任一方案的实施或放弃都会影响另一方案的收入，从而影响方案经济效果评价的结论。

当各方案的现金流量之间具有相关性且方案之间不完全互斥时，我们不能简单地按照独立方案或互斥方案的评价方法进行决策。而应当首先用一种"互斥方案组合法"，将各方案组合成互斥方案，计算各互斥方案的现金流量，再按互斥方案的评价方法进行评价选择。

[例3-13] 甲、乙两城市之间可建一条公路一条铁路。只修一条公路或只修一条铁路的净现金流量如表3-10所示。若两个项目都上，由于客货运分流的影响，两项目都将减少净收入，其净现金流量如表3-11所示。当基准收益 $i_c=10\%$ 时应如何决策？

净现金流量表（单位：百万元）   表3-10

方案	0	1	2	3~32
铁路A	−300	−300	−300	150
公路B	−150	−150	−150	90

净现金流量表（单位：百万元）   表3-11

方案	0	1	2	3~32
铁路A	−300	−300	−300	120
公路B	−150	−150	−150	52.5
A+B	−450	−450	−450	172.5

$$NPV_A = 348.87 （百万元）$$
$$NPV_B = 291.39 （百万元）$$
$$NPV_{A+B} = 113.97 （百万元）$$

根据互斥方案净现值判别准则，A 方案净现值大于零且最大，故 A 方案为最优可行方案。若用其他互斥方案的评价方法，也可以得出相同的结论。

2. 资金约束相关型的方案选择

资金约束相关型是针对独立方案而言的，因为资金短缺可使相互独立的可行方案只能实施其中的某些，从而使独立方案变为相关方案。例如，一条江上有四个可行的大桥建设方案，由于受现有资金的约束，只能建其中的两座，因此问题变成了如何在保证不超过现有资金的前提下取得最大的经济效益。

受资金约束的方案选择使用的主要方法有"净现值指数排序法"和"互斥方案组合法"。下面将分别予以介绍。

（1）净现值指数排序法

按净现值指数排序原则选择方案，其基本思想是单位投资的净现值越大，在一定投资限制额内所能获得的净现值总额就越大。

[例 3-14] 某公司年度投资预算为 60 万元。备选方案如表 3-12 所示。试按净现值指数排序法作出方案选择。

备选方案数据（单位：万元） 表 3-12

方 案	投 资 额	净 现 值	净现值指数	排 序
A	20	12	0.60	1
B	12	5.4	0.45	2
C	4	0.5	0.13	8
D	9	2.25	0.25	4
E	13	2.86	0.22	5
F	36	6.48	0.18	6
G	3	0.42	0.14	7
H	15	5.7	0.38	3

[解] 按净现值指数从大到小顺序选择方案，满足资金约束条件的方案为 A、B、H、D、C，所用资金总额为 60 万元，净现值总值为 25.85 万元。

按净现值指数排序法来选择方案简便易算，但由于投资项目的不可分性，净现值指数排序法常会出现不能保证现有资金被充分利用的情况，不能达到净现值最大的目标。

（2）互斥方案组合法

互斥方案组合法能保证评选结果比净现值指数排序法更可靠。它是利用排列组合的方法，列出待选方案的全部组合方案，选出投资额不超过投资限额、净现值大于或等于零且净现值最大的组合方案为最优可行方案。

[例 3-15] 某公司有四个相互独立的技术改造方案。基准折现率为 10%，其有关数据列于表 3-13 中，假定资金限额为 500 万元，应选择哪些方案？

备选方案数据表（单位：万元）　　　　　　　　　　　　　　　　表 3-13

独立方案	初始投资	净现值 NPV	NPVI
A	200	180	0.9
B	240	192	0.8
C	160	112	0.7
D	200	130	0.65

[解] 由表 3-13 中可知，各方案净现值均大于零，按净现值指数排序法选择，应选 A、B 方案，净现值总额为 372 万元。

下面用组合互斥方案法来验证一下上述选择是否为最优选择，组合方案评价如表 3-14 所示。

方案组合评价表　　　　　　　　　　　　　　　　表 3-14

组合号	组合方案	投资	可行与否	NPV
1	A	200	○	180
2	B	240	○	192
3	C	160	○	112
4	D	200	○	130
5	AB	440	○	372
6	AC	360	○	292
7	AD	400	○	310
8	BC	400	○	304
9	BD	440	○	322
10	CD	360	○	242
11	ABC	600	×	484
12	ABD	640	×	502
13	ACD	560	×	422
14	BCD	600	×	434
15	ABCD	800	×	614

根据投资限额及净现值最大且大于或等于零的评价准则，选 A、B 两方案，其评价结果与净现值指数排序法一致。

思 考 题

1. 简述工程项目总投资的构成。总投资形成的资产有哪些？

2. 工程项目的成本有哪些？

3. 工程经济分析中需要考虑的税种有哪些？

4. 某企业欲修建一座大桥，项目计划 2 年建成，第一年计划投资 3 亿元，第二年计划投资 8 亿元，大桥计划两年建成通车使用，每年的经营成本见表3-15。建成后，该企业可收取过桥费5年，之后无偿捐献给政府。基准收益率为10%，求该企业开发该项目的净现值。

建设大桥的收入与成本（单位：亿元）　　　　　　　　　　　　表 3-15

年份	0	1	2	3	4	5	6
投资额	−3	−8					
年收入			2	2.5	3.5	3.5	3.5
年经营成本			0.5	0.5	0.4	0.4	0.4
净现金流量	−3	−8	1.5	2.0	3.1	3.1	3.1

5. 使用内部收益率法分析上例中该企业是否赢利？

6. 某大型港口企业由于业务发展需要，需新建集装箱泊位，现有两个独立投资方案 A、B 其现金流量如表3-16所示。试判断其经济可行性。$i_c = 15\%$。

现金流量表（单位：亿元）　　　　　　　　　　　　表 3-16

方 案 ＼ 年 末	0	1 ~ 10
A	−40	9
B	−60	12

7. 某大型集装箱码头，拟新购置一批堆场起重机，现有两种类型可供选择 RTG（轮胎龙门起重机）和 RMG（轨道式龙门起重机），RTG 初投资 2 亿元，年运行费 3000 万元，残值 5000 万元。RMG 初投资 3 亿元，年运行费 2000 万元，残值为 8000 万元。$i_c = 8\%$，$n = 10$ 年。不考虑其他比选因素，假设两类型起重机完成任务基本相同。问选择何种方案为宜？

8. 方案甲和乙是互斥方案，其现金流量如表3-17所示，试用差额投资内部收益率法对两方案进行评价选优。$i_c = 12\%$

现金流量表（单位：万元）　　　　　　　　　　　　表 3-17

方 案 ＼ 年 末	0	1 ~ 5
甲	−8000	2000
乙	−5000	1300

9. 试对表3-18中三项寿命期不等的互斥方案作出取舍决策。$i_c = 15\%$。

现金流量表（单位：万元）　　　　　　　　　　　　表 3-18

方案	初始投资	残值	年度净收入	寿命（年）
A	500	20	280	4
B	800	30	300	6
C	1000	50	320	7

10. 某疏浚公司有一旧挖泥船，工程技术人员提出更新要求，有关数据如表3-19所示。已知该企业要求的最低报酬率为20%。问是否更新旧设备？

现金流量表（单位：万元） 表 3-19

方案	原值	预计使用年限	已经使用年限	残值	变现价值	年运行成本
旧设备	2500	10	5	200	800	700
新设备	3000	10	0	300	2800	400

第4章 工程项目的财务分析

4.1 财务效益与费用的估算

4.1.1 财务效益与费用

财务效益与费用是财务分析的重要基础，其准确程度直接影响财务分析的结论。财务效益与费用的估算应遵守现行的财务、会计以及税收制度的规定。鉴于这种估算是针对未来情况的预测，因此，在经济评价中允许做有别于财务制度的处理。财务效益与费用的估算采用国际上项目评价中通用的"有无对比"原则。所谓"有项目"是指项目实施后的将来情况，"无项目"是指不实施项目时的将来情况。在识别项目的效益和费用时，只有"有无对比"的差额部分才是由于项目的建设而增加的效益和费用。采用有无对比的方式是为了识别那些真正应该算为项目效益的部分，即增量效益，排除那些由于其他原因产生的效益；同时也找出与增量效益相对应的增量费用，只有这样才能真正体现项目投资的净效益。项目所支出的费用主要包括投资、成本费用和税金等。

市场化运作的经营性项目是通过销售产品或提供服务来实现盈利，它的主要财务效益是所获得的营业收入。对于某些国家鼓励发展的经营性项目，可以获得税金上的优惠，如先征后免的增值税应作为补贴收入，记入项目的财务效益进行核算。这时，财务分析不同于实际税金的处理过程，不考虑"征"和"返"的时间差。

在土木工程的建设项目中，城市道路等社会基础设施是服务于社会或以环境保护为目标的非经营性项目，没有直接的营业收入，也就没有直接的财务效益。这类项目需要政府提供补贴才能维持正常的运转，因此，把补贴作为项目的财务收益，通过预算平衡计算所需要的补贴金额。

同时，在土木工程中，供水、供电等准公共产品，其运营方式采用经营方式，但由于其价格受到政府的严格管制，营业收入可能基本满足或不能满足补偿成本的要求，需要在政府的补贴下才能具有财务生存能力。因此，这类项目的财务效益包括营业收入和补贴收入。

4.1.2 财务效益与费用的估算

财务效益与费用的估算步骤与财务分析步骤相匹配，在进行融资前分析时，先估算独立于融资方案的建设投资和营业收入，然后是经营成本和流动资金。在进行融资后分析时，先确定初步融资方案，然后估算建设期利息，进而完成固定资产原值的估算，通过还本付息计算求得营运期各年利息，最终完成总成本费用的估算。

选取财务效益与费用价格时应正确处理价格总水平变动因素，原则上盈利能力分析应考虑相对价格变化，而偿债能力分析应同时考虑相对价格变化和价格总水平变动的影响。在建设期间既要考虑价格总水平变动，又要考虑相对价格变化。在建设投资估算中价格总水平变动是通过涨价预备费来体现。项目运营期内，盈利能力分析和偿债能力分析可以采用同一套价格，即预测的运营期价格。项目运营期内，可根据项目的具体情况，选用固定价格（项目经营期内各年价格不变）或考虑相对价格变化的变动价格（项目运营期内某年价格不同，或某些年份价格不同）。当有要求或价格总水平变动较大时，项目偿债能力分析采用的价格应考虑价格总水平变动因素。

1. 建设投资的估算

（1）分项详细估算法

1）建筑工程费

根据设计方案提供的工程内容，套用概算指标进行计算。计算公式为：

$$建筑工程费 = 单位工程概算指标 \times 单位工程的工程量 \times 修正系数 \qquad (4-1)$$

建筑工程概算指标是指各单位工程结合项目特征，按照房屋以平方米（m^2）为计量单位，或构筑物以座为计量单位，其他专业工程根据不同工程性质确定其计量单位，规定所需要的人工、材料、施工机械台班消耗的一种标准。采用概算指标时，应注意项目设计方案的特征是否完全符合指标要求，若不符合，要对指标进行适当修正，并注意人工、材料价差和机械台班费的调整。

2）设备及工器具购置费

国内设备购置费为设备原价加设备运杂费。设备原价一般根据生产厂家或物资供应商的询价、报价、合同价等来确定，设备运杂费按各部委、省、市、自治区规定的运杂费率计算；国外进口设备购置费按到岸价加国内运杂费。工器具购置费一般以设备购置费为计算基数，按照部门或行业规定的工具、器具及生产家具费率计算。

3）安装工程费

一般采用占需安装设备价值的百分比指标（安装费率）或概算指标进行估算。管线安装工程费可按工程量和概算指标进行估算，或按单位造价指标估算。

4）工程建设其他费用

按主管部委、省、市、自治区的取费标准或按建筑工程费的百分比计算。

5）预备费用

基本预备费一般按建筑工程费、设备及工器具购置费、安装工程费和工程建设其他费用之和为基数，乘以基本预备费率进行计算。涨价预备费的测算方法，一般根据国家规定的投资综合价格指数，按估算年份价格水平的投资额为基数，采用复利方法计算。涨价预备费的计算公式为：

$$PF = \sum_{t=1}^{n} I_t \big[(1 + f)^{m+t-1} - 1 \big] \qquad (4-2)$$

式中　PF——涨价预备费；

　　　n——建设期年数；

　　　m——估算年到项目开工年的间隔年数；

　　　I_t——建设期第 t 年的用款额，应包括工程费用、其他费用及基本预备费；

　　　f——年投资价格上涨指数。

（2）生产能力指数法

生产能力指数法是利用已知同类工程项目投资数额粗略估算拟建项目的投资额。计算公式如下：

$$K_2 = K_1 \left[\frac{Q_2}{Q_1} \right]^n f \frac{P_2}{P_1} \qquad (4-3)$$

式中　K_1——已建项目的固定资产投资；

　　　K_2——拟建同类项目的固定资产投资；

　　　Q_1——已建项目生产能力；

　　　Q_2——拟建同类项目生产能力；

　　　n——生产能力指数；

　　　P_1——已建项目建设年份的价格指数；

　　　P_2——拟建同类项目建设年份的价格指数；

　　　f——地区建设投资系数，两项目所在地区之间建设条件相差不大时，一般取 1。

生产能力指数 n 一般不易确定。各国目前都采用 n 的平均值。当规模的扩大是以提高主要设备的效率、功率而达到时，则 n 取 $0.6 \sim 0.7$；当规模扩大是以增加工程项目的机器设备的数量而达到时，则 n 取 $0.8 \sim 1.0$。

（3）百分比估算法

百分比估算法以拟建项目或装置的设备费为基数，根据已建成的同类项目或装置的建筑安装费和其他工程费用等占设备价值的百分比，求出相应的建筑安装及其他有关费用，其总和即为项目或装置的投资。计算公式如下：

$$C = E(1 + f_1 p_1 + f_2 p_2 + f_3 p_3) + I \qquad (4-4)$$

式中　　C——拟建项目或装置的投资额；

　　　　E——根据拟建项目或装置的设备清单按当地价格计算的设备费（包括运杂费）的总和；

p_1、p_2、p_3——分别为已建项目中建筑、安装及其他工程费用占设备百分比；

f_1、f_2、f_3——分别为由于时间因素引起的定额、价格、费用标准等变化的综合调整系数；

　　　　I——拟建项目的其他费用。

2. 流动资金估算

流动资金的估算基础是经营成本和商业信用等，一般采用扩大指标估算法和分项详细估算法。

（1）扩大指标估算法

扩大指标估算法是按照流动资金占某种基数的比率来进行估算，一般常用的基数有销售收入、经营成本、总成本费用和固定资产投资等。所采用的比率根据经验确定，或依部门（行业）给定的参考值确定，也可参照同类工程项目流动资金占销售收入、经营成本、固定资产投资的比例，以及单位产量占用流动资金的比值来确定。扩大指标估算法简便易行，适用于项目初选阶段。

（2）分项详细估算法

分项详细估算法是国际上通用的流动资金估算法，是对流动资产和流动负债主要构成要素即存货、现金、应收账款、预付账款以及应付账款和预收账款等几项内容分项进行估算，计算公式为：

$$流动资金 = 流动资产 - 流动负债 \qquad (4-5)$$

$$流动资产 = 应收账款 + 预付账款 + 存货 + 现金 \qquad (4-6)$$
$$流动负债 = 应付账款 + 预收账款 \qquad (4-7)$$
$$流动资金本年增加额 = 本年流动资金 - 上年流动资金 \qquad (4-8)$$

流动资金估算的具体步骤是首先确定各分项最低周转天数，计算出周转次数，然后进行分项估算。

1）周转次数的计算

$$周转次数 = 365 天/最低周转天数 \qquad (4-9)$$

各类流动资产和流动负债的最低周转天数按照同类企业的平均周转天数并结合项目特点确定，或按部门（行业）规定，在确定最低周转天数时应考虑储存天数、在途天数，并考虑适当的保险系数。

2）流动资产估算

① 存货的估算。存货是指企业在日常生产和经营过程中持有以备出售，而处在生产过程，或者在生产或提供劳务过程中将消耗的材料或物料等，包括各类材料、商品、在产品、半成品和产成品等。为简化计算，项目评价中仅考虑外购原材料、燃料、其他材料、在产品和产成品，并分项进行计算。计算公式为：

$$存货 = 外购原材料、燃料 + 其他材料 + 在产品 + 产成品 \qquad (4-10)$$
$$外购原材料、燃料 = 年外购原材料、燃料费用/分项周转次数 \qquad (4-11)$$
$$其他材料 = 年其他材料费用/其他材料周转次数 \qquad (4-12)$$
$$在产品 = （年外购原材料、燃料动力费用 + 年工资及福利费 +$$
$$年修理费 + 年其他制造费用）/在产品周转次数 \qquad (4-13)$$
$$产成品 = （年经营成本 - 年其他营业费用）/产成品周转次数 \qquad (4-14)$$

② 应收账款估算。应收账款是指企业对外销售商品、提供劳务而尚未收回的资金，计算公式为：

$$应收账款 = 年经营成本/应收账款周转次数 \qquad (4-15)$$

③ 预付账款估算。预付账款是指企业为购买各类材料、半成品或服务所预先支付的款项，计算公式为：

$$预付账款 = 外购商品或服务年费用金额/预付账款周转次数 \qquad (4-16)$$

④ 现金需要量估算。项目流动资金中的现金是指为维持正常生产运营必须预留的货币资金，计算公式为：

$$现金 = （年工资及福利费 + 年其他费用）/现金周转次数 \qquad (4-17)$$
$$年其他费用 = 制造费用 + 管理费用 + 营业费用 -$$
$$（以上三项费用中所含的工资及福利费、$$
$$折旧费、摊销费、修理费） \qquad (4-18)$$

3）流动负债估算

流动负债是指将在一年（含一年）或者超过一年的一个营业周期内偿还的债务。包括短期借款、应付票据、应付账款、预收账款、应付工资、应付福利费、应付股利、应交税金、其他暂收应付款项、预提费用和一年内到期的长期借款等。在项目评价中，流动负债的估算可以只考虑应付账款和预收账款两项。计算公式为：

$$应付账款 = 外购原材料、燃料动力及其他材料年费用/应付账款周转次数 \qquad (4-19)$$

$$预收账款 = 预收的营业收入年金额/预收账款周转次数 \qquad (4-20)$$

3. 建设期利息估算

建设期利息在完成建设投资估算和分年投资计划基础上，根据筹资方式、金额及利率估算。计算建设期利息时，为了简化计算，通常假定借款均在每年的年中支用，借款当年按半年计息，计算公式如下：

$$建设期各年应计利息 = (年初借款本息累计 + 本年借款/2) \times 年利率 \qquad (4-21)$$

4. 营业收入估算

营业收入是财务分析的重要数据，其估算的准确性直接影响着项目财务效益的估计。营业收入估算的基础数据，包括产品或服务的数量和价格，都与市场预测密切相关。

5. 总成本费用估算

项目总成本费用估算可按生产成本加期间费用估算法进行估算，也可以采用生产要素估算法进行估算。项目评价中通常采用生产要素估算法估算总成本费用。

（1）外购原材料和燃料动力费估算

外购原材料和燃料动力费的估算需要相关专业所提出的外购原材料和燃料动力年耗用量，以及在选定价格体系下的预测价格，该价格按入库价格计，即到厂价格并考虑途库损耗。采用的价格时点和价格体系应与营业收入的估算一致。

（2）人工工资及福利费估算

人工工资及福利费按项目全部人员数量估算。根据不同项目的需要，财务分析中可视情况选择按项目全部人员年工资的平均数值计算或者按照人员类型和层次分别设定不同档次的工资进行计算。

（3）固定资产原值及折旧费的估算

1）固定资产原值

计算折旧，需要先估算固定资产原值。固定资产原值是指项目投产时，按规定由投资形成固定资产的部分。

2）固定资产折旧费

固定资产在使用过程中会受到磨损，其价值损失通常是通过提取折旧的方式得以补偿。财务分析中，按生产要素法估算总成本费用时，固定资产折旧可直接列支于总成本费用。固定资产折旧年限、预计净残值率可在税法允许的范围内由企业自行确定，或按行业规定。项目评价中一般应按税法明确规定的分类折旧年限，也可按行业规定的综合折旧年限。在投资项目的现金流量表中，折旧费并不构成现金流出，但其却直接影响所得税的大小，从而影响财务分析结果。我国允许的固定资产折旧方法有：

①平均年限法。平均年限法又称直线折旧法，是将固定资产的折旧均衡地分摊到各期的一种方法。采用这种方法计算的每期折旧额均是等额的。计算公式为：

$$年折旧率 = \frac{1 - 预计净残值率}{折旧年限} \qquad (4-22)$$

$$年折旧额 = \frac{固定资产原值 - 残值}{折旧年限} \qquad (4-23)$$

$$或 \quad 年折旧额 = 年折旧率 \times 固定资产原值 \qquad (4-24)$$

②工作量法。工作量法是根据实际工作量计提折旧额的一种方法。基本计算公式为：

48

$$单位工作量折旧额 = \frac{固定资产原值 \times (1 - 预计净残值率)}{总工作量} \qquad (4\text{-}25)$$

$$年折旧额 = 该项固定资产年工作量 \times 单位工作量折旧额 \qquad (4\text{-}26)$$

③双倍余额递减法。双倍余额递减法是不考虑固定资产残值的情况下，根据每期期初固定资产帐面余额和双倍的直线法折旧率计算固定资产折旧的一种方法。

$$年折旧率 = \frac{2}{折旧年限} \qquad (4\text{-}27)$$

$$年折旧额 = 固定资产净值 \times \frac{2}{折旧年限} \qquad (4\text{-}28)$$

④年数总和法。年数总和法又称合计年限法，是将固定资产的原值减去净残值后的净额乘以一个逐年递减的分数计算每年的折旧额，这个分数的分子代表固定资产尚可使用的年数，分母代表使用年数的逐年数字总和。计算公式为：

$$年折旧率 = \frac{折旧年限 - 已使用年数}{折旧年限 \times (折旧年限 + 1) \div 2} \qquad (4\text{-}29)$$

$$年折旧额 = (固定资产原值 - 预计净残值) \times 年折旧率 \qquad (4\text{-}30)$$

[**案例分析**] 某建筑公司购置新设备一台，需投资 50 万元，预计使用寿命为 5 年，按直线折旧法计算折旧，第 5 年年末残值为 20 万元，销售收入扣除销售税金、经营成本后的税前净收入为每年 19 万元，投资额中有 10 万元为银行贷款，利率为 10%。借款合同中规定，还款期限为 5 年，每年付清利息，并等额还本。折现率为 12%，按年数总和法，每年折旧额为多少？与直线折旧法相比，哪种折旧方式对企业有利？

[**解**]（1）折旧计算：

直线折旧法可得，年折旧额 = (50 - 20)/5 = 6(万元)

年数总和法各年折旧额计算见表 4-1。

年数总和法各年折旧额计算（单位：万元） 表 4-1

折旧年序 \\ 项目	1	2	3	4	5
年折旧率	5/15	4/15	3/15	2/15	1/15
年折旧额	10	8	6	4	2

（2）利息计算：

各年利息计算见表 4-2。

各年利息计算（单位：万元） 表 4-2

年 份	1	2	3	4	5
年初欠款	10	8	6	4	2
当年利息支付	1	0.8	0.6	0.4	0.2
当年还本	2	2	2	2	2
年末尚欠	8	6	4	2	0

（3）采用直线折旧法的财务分析结果：

直线折旧法所得税见表4-3。

直线折旧法所得税计算（单位：万元）　　　　　　　　　　表4-3

年　份	1	2	3	4	5	合计
税前净收入	19	19	19	19	19	95
利息	1	0.8	0.6	0.4	0.2	3
折旧	6	6	6	6	6	30
税前利润	12	12.2	12.4	12.6	12.8	62
所得税	3.96	4.03	4.09	4.16	4.22	20.46
所得税现值	3.54	3.21	2.91	2.64	2.40	14.70

直线折旧法税后现金流量计算表见表4-4。

直线折旧法税后现金流量计算（单位：万元）　　　　　　　表4-4

年　份	0	1	2	3	4	5
现金流入						
税前净收入	0	19	19	19	19	19
残值回收						20
借款	10					
现金流出						
设备投资	50					
所得税		3.96	4.03	4.09	4.16	4.22
本金偿还		2	2	2	2	2
利息支付		1	0.8	0.6	0.4	0.2
净现金流量	-40	12.04	12.17	12.31	12.44	32.58

根据上表计算的净现值为15.61万元

（4）采用年数总和法的财务分析结果：

年数总和法所得税计算见表4-5。

年数总和法所得税计算（单位：万元）　　　　　　　　　　表4-5

年　份	1	2	3	4	5	合计
税前净收入	19	19	19	19	19	95
利息	1	0.8	0.6	0.4	0.2	3
折旧	10	8	6	4	2	30
税前利润	8	10.2	12.4	14.6	16.8	62
所得税	2.64	3.37	4.09	4.82	5.54	20.46
所得税现值	2.36	2.68	2.91	3.06	3.15	14.16

年数总和法税后现金流量计算见表4-6。

年数总和法税后现金流量计算（单位：万元）　　　　表 4-6

年　份	0	1	2	3	4	5
现金流入						
税前净收入	0	19	19	19	19	19
残值回收						20
借款	10					
现金流出						
设备投资	50					
所得税		2.64	3.37	4.09	4.82	5.54
本金偿还		2.00	2.00	2.00	2.00	2.00
利息支付		1.00	0.80	0.60	0.40	0.20
净现金流量	-40	13.36	12.83	12.31	11.78	31.26

由上表计算的净现值为 16.14 万元。

用直线折旧法和年数总和法进行折旧计算时，同一资产的纳税额，两种方法的缴纳税款相同，但纳税的现值不同，税后现金流量也不同。用年数总和法支付的税额总现值较少，与直线折旧法相比，其差额为 0.54 万元。年数总和法税后的净现值比直线折旧法多 0.53 万元。因此按照年数总和法折旧对企业有利。

（4）固定资产修理费估算

修理费是保持固定资产的正常运转和使用，充分发挥使用效能，对其进行必要修理所发生的费用。固定资产修理费一般按固定资产原值（扣除所含的建设期利息）的一定百分数估算。百分数的选取应考虑行业和项目特点。

（5）无形资产和其他资产原值及摊销费的估算

无形资产原值是指项目投产时按规定有投资形成无形资产的部分。无形资产与其他资产的摊销费一般采用平均年限法进行估算，不计残值。

（6）其他费用估算

其他费用包括其他制造费用、其他管理费用和其他营业费用这三项费用，指由制造费用、管理费用和营业费用中分别扣除工资及福利费、折旧费、摊销费、修理费以后的其余部分。

其他制造费用是指由制造费用中扣除生产单位管理人员工资及福利费、折旧费、修理费后的其余部分。项目评价中常用的估算方法有：按固定资产原值（扣除所含的建设期利息）的百分数估算；按人员定额估算。

其他管理费用是指由管理费用中扣除管理人员工资及福利费、折旧费、无形资产和其他资产摊销费、修理费后的其余部分。项目评价中常见的估算方法是按人员定额或取工资及福利费总额的倍数估算。

其他营业费用是指由营业费用中扣除工资及福利费、折旧费、无形资产和其他资产摊销费、修理费后的其余部分。项目评价中常见的估算方法是按营业收入的百分数估算。

（7）利息支出

利息支出的估算包括长期借款利息、流动资金借款利息和短期借款利息三部分。

长期借款利息是建设期借款余额（含未支付的建设期利息）应在生产期支付的利息，项目评价可采取等额还本付息方式或者等额还本利息照付方式来计算长期借款利息。

项目评价中的流动资金借款利息从本质上说应归类为长期借款，但目前企业往往有可能与银行达成共识，按期末偿还、期初再借的方式处理，并按一年期利率计息。

项目评价中的短期借款指运营期间由于资金的临时需要而发生的短期借款。短期借款利息的计算同流动资金借款利息。

6. 税费估算

按税法规定进行估算。

4.1.3 财务效益和费用估算表格

进行财务效益和费用估算，需要编制各种辅助报表，这样使报表一目了然，便于查询。财务分析辅助报表主要有以下几种，详见表4-7～表4-18。

1. 建设项目投资估算表

建设投资估算表（人民币单位：万元，外币单位：万美元）　　　　　　　　　　表 4-7

序号	工程或费用名称	建筑工程费	设备购置费	安装工程费	其他费用	合计	其中：外币	比例（%）
1	工程费用							
1.1	主体工程							
1.1.1	×××　　　……							
1.2	辅助工程							
1.2.1	×××　　　……							
1.3	公用工程							
1.3.1	×××　　　……							
1.4	服务性工程							
1.4.1	×××　　　……							
1.5	场外工程							
1.5.1	×××　　　……							
1.6	×××							
2	工程建设其他费用							
2.1	×××　　　……							
3	预备费							
3.1	基本预备费							
3.2	涨价预备费							
4	建设投资合计							
	比例（%）							100

建设投资估算表 （形成资产法)(人民币单位：万元，外币单位：万美元） 表 4-8

序号	工程或费用名称	建筑	设备	安装	其他	合计	其中：外币	比例
1	固定资产费用							
1.1	工程费用							
1.1.1	×××							
1.1.2	×××							
	……							
1.2	固定资产其他费用							
1.2.1	×××							
	……							
2	无形资产费用							
2.1	×××							
	……							
3	其他资产费用							
3.1	×××							
	……							
4	预备费							
4.1	基本预备费							
4.2	涨价预备费							
5	建设投资合计							
	比例（%）							100

2. 建设期利息估算表

建设期利息估算表 （人民币单位：万元） 表 4-9

序号	项 目	合 计	建 设 期					
			1	2	3	4	…	n
1	借款							
1.1	建设期利息							
1.1.1	期初借款余额							
1.1.2	当期借款							
1.1.3	当期应计利息							
1.1.4	期末借款余额							
1.2	其他融资费用							
1.3	小计（1.1+1.2）							
2	债券							
2.1	建设期利息							
2.1.1	期初债务余额							
2.1.2	当期债务余额							
2.1.3	当期应计利息							
2.1.4	期末债务余额							
2.2	其他融资费用							
2.3	小计（2.1+2.2）							
3	合计（1.3+2.3）							
3.1	建设期利息合计							
3.2	比例（%）							100

53

3. 流动资金估算表

流动资金估算表（人民币单位：万元）　　　　　　　　　　　　　**表 4-10**

序号	项目	最低周转天数	周转次数	合计	计算期 1	2	3	4	...	n
1	流动资产									
1.1	应收账款									
1.2	存货									
1.2.1	原材料									
1.2.2	燃料									
1.2.3	在产品									
1.2.4	产成品									
1.2.5	×××									
	……									
1.3	现金									
1.4	预付账款									
2	流动负债									
2.1	应付账款									
2.2	预收账款									
3	流动资金									
4	流动资金当期增加额									

4. 项目总投资使用计划与资金筹措表

项目总投资使用计划与资金筹措表（人民币单位：万元，外币单位：万美元）　**表 4-11**

序号	项目	合计 人民币	外币	小计	1 人民币	外币	小计	2 人民币	外币	小计	……
1	总投资										
1.1	建设投资										
1.2	建设期利息										
1.3	流动资金										
2	资金筹措										
2.1	项目资本金										
2.1.1	用于建设投资										
	××方										
	……										
2.1.2	用于流动资金										
	××方										
	……										

序号	项 目	合计			1			2			……
		人民币	外币	小计	人民币	外币	小计	人民币	外币	小计	
2.2.2	用于建设										
	××借款										
	××债券										
	……										
2.2.3	用于流动资金										
	××借款										
	××债券										
	……										
2.3	其他资金										
2.3.1	×××										
	……										

5. 营业收入、营业税金及附加和增值税估算表

营业收入、营业税金及附加和增值税估算表（人民币单位：万元）　　表 4-12

序号	项 目	合计	计 算 期						
			1	2	3	4	…	n
1	营业收入							
1.1	产品 A 营业收入							
	单价							
	数量							
	销项税额							
1.2	产品 B 营业收入							
	单价							
	数量							
	销项税额							
	……							
2	营业税金与附加							
2.1	营业税							
2.2	消费税							
2.3	城市维护建设费							
2.4	教育费附加							
3	增值税							
	销项税额							
	进项税额							

6. 总成本费用估算表

总成本费用估算表（人民币单位：万元）　　　　　表 4-13

序号	项　目	合计	计　算　期					
			1	2	3	4	…	n
1	外购原材料费							
2	外购燃料及动力费							
3	工资及福利费							
4	修理费							
5	其他费用							
6	经营成本							
7	折旧费							
8	摊销费							
9	利息支出							
10	总成本费用合计							
	其中：可变成本							
	固定成本							

外购原材料费估算表（人民币单位：万元）　　　　　表 4-14

序号	项　目	合计	计　算　期					
			1	2	3	4	…	n
1	外购原材料费							
1.1	原材料 A							
	单价							
	数量							
	进项税额							
1.2	原材料 B							
	单价							
	数量							
	进项税额							
	……							
2	辅助材料费用							
	进项税额							
3	其他							
	进项税额							
4	外购原材料费合计							
5	外购原材料费							

外购燃料和动力费估算表（人民币单位：万元） 表 4-15

序号	项 目	合计	计 算 期					
			1	2	3	4	…	n
1	燃料费							
1.1	燃料 A							
	单价							
	数量							
	进项税额							
	……							
2	动力费							
	动力 A							
	单价							
	数量							
	进项税额							
	……							
3	外购燃料及动力合计							
4	外购燃料及动力费							

固定资产折旧费估算表（人民币单位：万元） 表 4-16

序号	项 目	合计	计 算 期					
			1	2	3	4	…	n
1	房屋、建筑物							
	原值							
	当期折旧费							
	净值							
2	机器设备							
	原值							
	当期折旧费							
	净值							
	……							
3	合计							
	原值							
	当期折旧费							
	净值							

工资及福利费估算表（人民币单位：万元）　　　　表 4-17

序号	项目	合计	计 算 期					
			1	2	3	4	…	n
1	工人							
	人数							
	人均年工资							
	工资额							
2	技术人员							
	人数							
	人均年工资							
	工资额							
3	管理人员							
	人数							
	人均年工资							
	工资额							
4	工资总额（1 + 2 + 3）							
5	福利费							
6	合计（4 + 5）							

总成本费用估算表（生产成本加期间费用法）（人民币单位：万元）　　表 4-18

序号	项目	合计	计 算 期					
			1	2	3	4	…	n
1	生产成本							
1.1	直接材料费							
1.2	直接燃料及动力费							
1.3	直接工资及福利费							
1.4	制造费用							
1.4.1	折旧费							
1.4.2	修理费							
1.4.3	其他制造费							
2	管理费用							
2.1	无形资产摊销							
2.2	其他资产摊销							
2.3	其他管理费用							
3	财务费用							
3.1	利息支出							
3.1.1	长期借款利息							
3.1.2	流动资金借款利息							
3.1.3	短期借款利息							
4	营业费用							
5	总成本费用合计							
5.1	可变成本							
5.2	固定成本							
6	经营成本							

4.2　财务分析

4.2.1　财务分析的概念及步骤

财务分析是在财务效益与费用的估算以及编制财务辅助报表的基础上，编制财务报表，计算财务分析指标，考察和分析项目的盈利能力、清偿能力以及财务生存能力，判别项目的财务可行性，明确项目对财务主体的价值以及对投资者的贡献，为投资决策、融资决策以及银行审批贷款提供依据。

财务分析大致可分为 3 个步骤：

第一步，进行财务基础资料预测，编制财务评价的辅助报表。通过项目的市场调查预测分析和技术与投资方案分析，确定产品方案和合理的生产规模，选择生产工艺方案、设备方案、工程技术方案、建设地点和投资方案，拟定项目实施进度计划等，据此进行财务预测，获得项目投资、生产成本、营业收入和利润等一系列财务基础资料。在对这些资料进行分析、审查、鉴定和评估的基础上，完成财务评价辅助报表的编制工作。

第二步，编制和评估财务评价的基础报表。将上述辅助报表中的基础资料进行汇总，编制出现金流量表、利润和利润分配表、财务计划现金流量表、资产负债表和借款还本付息计划表等 5 类主要财务基本报表，并对这些报表进行分析评估。一是要审查基本报表的格式是否符合规范要求，二是要审查所填列的资料是否准确。

第三步，计算财务评价的各项指标，分析项目的财务可行性。利用各基本报表可直接计算出一系列财务评价的指标，包括反映项目的盈利能力、偿债能力和财务生存能力的静态和动态指标，将这些指标值与国家有关部门规定的基准值进行对比，就可得出项目在财务上是否可行的评价结论。

财务分析分为融资前分析和融资后分析，一般宜先进行融资前分析，在融资前分析结论满足要求的前提下，初步设定融资方案，再进行融资后分析。在项目建议书阶段，可只进行融资前分析。

4.2.2　融资前分析

融资前分析是指不考虑债务融资条件下进行的财务分析。

融资前分析只进行盈利能力分析，以动态分析为主，静态分析为辅。动态分析以营业收入、建设投资、经营成本和流动资金的估算为基础，考察整个计算期内现金流入和现金流出，编制项目投资现金流量表，利用资金时间价值的原理进行折现，计算项目投资内部收益率和净现值等指标。

为了体现与融资方案无关的要求，各项现金流量的估算中都需要剔除利息的影响。例如采用不含利息的经营成本作为现金流出，而不是总成本费用；在流动资金估算、经营成本中的修理费和其他费用估算过程中应注意避免利息的影响等。

根据需要，可以从所得税前和所得税后两个角度进行考察，选择计算所得税前和所得税后指标。计算所得税前指标的融资前分析是从息税前角度进行的分析；计算所得税后指标的融资前分析是从息前税后角度进行的分析。

所得税前分析的现金流入主要是营业收入，还可能包括补贴收入，在计算期的最后一年，还包括回收固定资产余值和回收流动资金；现金流出主要包括建设投资、流动资金、经营成本、营业税金及附加等。根据上述现金流入与现金流出编制项目投资现金流量表，并根据该表计算项目投资息税前财务内部收益率和项目投资息税前财务净现值。按所得税前的净现金流量计算的相关指标，即所得税前指标，是投资盈利能力的完整体现，用以考察由项目方案设计本身所决定的财务盈利能力，它不受融资方案和所得税政策变化的影响，仅仅体现项目方案本身的合理性。

所得税后分析是所得税前分析的延伸。由于所得税作为现金流出，可用于在融资前判断项目投资对企业价值的贡献，是企业投资决策的依据。

4.2.3 融资后分析

融资后分析以融资前分析和初步的融资方案为基础，考察项目在拟定融资条件下的盈利能力、偿债能力和财务生存能力，判断项目方案在融资条件下的可行性。融资后分析用于比选融资方案，帮助投资者做出融资决策。

1. 融资后的盈利能力分析

融资后的盈利能力分析包括动态分析和静态分析两种。

（1）动态分析

融资后的动态分析分为以下两个层次：

①项目资本金现金流量分析。项目资本金现金流量分析是在拟定的融资方案下，从项目资本金出资者整体的角度，确定其现金流入和现金流出，编制项目资本金现金流量表，利用资金时间价值的原理进行折现，计算项目资本金财务内部收益率指标，考察项目资本金可获得的收益水平。项目资本金财务内部收益率指标可以用来对融资方案进行比较和取舍，是投资者整体做出最终融资决策的依据，也可进一步帮助投资者最终决策出资。项目资本金财务内部收益率的判别基准是项目投资者整体对投资获利的最低期望值，亦即最低可接受收益率。当计算的项目资本金内部收益率大于或等于该最低可接受收益率时，说明投资获利水平大于或达到了要求，是可以接受的。

②投资各方现金流量分析。投资各方现金流量分析是从投资各方实际收入和支出的角度，确定其现金流入和现金流出，分别编制投资各方现金流量表，计算投资各方的财务内部收益率指标，考察投资各方可能获得的收益水平。当投资各方不按股本比例进行分配或有其他不对等的收益时，可选择进行投资各方现金流量分析。

（2）静态分析

静态分析主要依据利润与利润分配表计算项目资本金净利润率（ROE）和总投资收益率（ROI）指标。对静态分析指标的判断，可按不同指标选定相应的参考值。当静态分析指标分别符合其相应的参考值时，认为从该指标看盈利能力满足要求。

盈利能力分析是财务分析的主要内容，盈利能力分析的主要指标包括项目投资财务内部收益率和财务净现值、项目资本金财务内部收益率、投资回收期、总投资收益率、项目资本金净利润率等，可根据项目的特点及财务分析的目的、要求等选用。

2. 偿债能力分析

偿债能力分析通过编制资产负债表与借款还本付息计划表，计算资产负债率、偿债备付率和利息备付率等指标，分析判断财务主体的偿债能力。

3. 财务生存能力分析

在财务分析辅助表和利润与利润分配表的基础上编制财务计划现金流量表，通过考察项目计算期内的投资、融资和经营活动所产生的各项现金流入和流出，计算净现金流量和累计盈余资金，分析项目是否有足够的净现金流量维持正常运营，以实现财务可持续性。

财务可持续性应首先体现在有足够大的经营活动净现金流量，其次各年累计盈余资金不应出现负值。若出现负值，应进行短期借款，同时分析该短期借款的年份长短和数额大小，进一步判断项目的财务生存能力。短期借款应体现在财务计划现金流量表中，其利息应计入财务费用。为维持项目正常运营，还应分析短期借款的可靠性。

4.2.4 财务分析报表

财务分析报表包括现金流量表、利润与利润分配表、财务计划现金流量表、资产负债表和借款还本付息计划表。现金流量表应正确反映计算期内的现金流入和流出，具体可分为三种类型：①项目投资现金流量表，用于计算项目投资内部收益率及净现值等财务分析指标；②项目资本金现金流量表，用于计算项目资本金财务内部收益率；③投资各方现金流量表，用于计算投资各方内部收益率。利润与利润分配表反映项目计算期内各年营业收入、总成本费用、利润总额等情况以及所得税后利润的分配，用于计算总投资收益率、项目资本金净利润率等指标。财务计划现金流量表反映项目计算期各年的投资、融资及经营活动的现金流入和流出，用于计算累计盈余资金，分析项目的财务生存能力。资产负债表用于综合反映项目计算期内各年年末资产、负债和所有者权益的增减变化及对应关系，计算资产负债率。借款还本付息计划表反映项目计算期内各年借款本金偿还利息支付情况，用于计算偿债备付率和利息备付率指标。

1. 基本报表1——财务现金流量表

财务现金流量表反映项目计算期内各年的现金收支（现金流出、流入和净现金流量），用以计算各项动态和静态评价指标，进行项目财务盈利能力分析。按投资计算基础的不同，现金流量表又可分为全部投资现金流量表、自有资金现金流量表和投资各方财务现金流量表。

（1）项目投资现金流量表（表4-19）

项目投资现金流量表（人民币单位：万元）　　　　表4-19

序号	项　目	合计	计　算　期					
			1	2	3	4	…	n
1	现金流入							
1.1	产品销售（营业）收入							
1.2	回收固定资产余值							
1.3	回收流动资金							
2	现金流出							
2.1	建设投资							
2.2	流动资金							
2.3	经营成本							
2.4	销售税金及附加							
2.5	所得税							
3	净现金流量（1-2）							

（2）项目资本金现金流量表（表4-20）

项目资本金金流量表（人民币单位：万元） 表4-20

序号	项 目	合计	计 算 期					
			1	2	3	4	…	n
1	现金流入							
1.1	产品销售（营业）收入							
1.2	回收固定资产余值							
1.3	回收流动资金							
2	现金流出							
2.1	项目资本金							
2.2	借款本金偿还							
2.3	借款利息支付							
2.4	经营成本							
2.5	营业税金及附加							
2.6	所得税							
2.7	维持运营投资							
3	净现金流量（1-2）							

（3）投资各方财务现金流量表（表4-21）

项目投资现金流量表（人民币单位：万元） 表4-21

序号	项 目	合计	计 算 期					
			1	2	3	4	…	n
1	现金流入							
1.1	实分利润							
1.2	资产处置收益分配							
1.3	租赁费收入							
1.4	技术转让或使用收入							
1.5	其他现金流入							
2	现金流出							
2.1	实缴资本							
2.2	租赁资产支出							
2.3	其他现金流出							
3	净现金流量（1-2）							

2. 基本报表2——利润与利润分配估算表（表4-22）

利润与利润分配估算表（人民币单位：万元）　　　　　　表4-22

序号	项　目	合计	计　算　期					
			1	2	3	4	…	n
1	产品销售（营业）收入							
2	销售税金及附加							
3	总成本费用							
4	利润总额							
5	所得税							
6	税后利润							
7	盈余公积金							
8	应付利息							
9	未分配利润							
10	累计未分配利润							

注：①产品销售（营业）收入、销售税金及附加和总成本费用的各年度数据分别取自相应的辅助报表。
②利润总额等于产品销售（营业）收入减销售税金及附加减总成本费用。
③所得税＝应缴税所得额×所得税额。
④税后利润＝利润总额－所得税。
⑤弥补损失主要指支付被没收的财务损失，以及支付各项税收的滞纳金和罚款，以弥补以前年度亏损。
⑥税后利润按法定盈余公积金、公益金、应付利润和未分配利润等项进行分配。

3. 基本报表3——财务计划现金流量表（表4-23）

编制该表时，首先要计算项目计算期内各年的资金来源与资金运用，然后通过资金来源与资金运用的差额反映项目各年的资金盈余或短缺情况。项目资金来源包括利润、折旧、摊销、长期借款、短期借款、自有资金、其他资金、回收固定资产余值和回收流动资金等。项目的资金筹措方案和借款及偿还计划应能使表中各年度的累计盈余资金额始终大于或等于零，否则，项目将因资金短缺而不能按计划顺利运行。

财务计划现金流量表（人民币单位：万元）　　　　　　表4-23

序号	项　目	合计	计　算　期					
			1	2	3	4	…	n
1	资金流入							
1.1	销售（营业）收入							
1.2	长期借款							
1.3	短期借款							
1.4	发行债券							
1.5	项目资本金							
1.6	其他							

序号	项目	合计	计算期					
			1	2	3	4	…	n
2	应付利息							
2.1	未分配利润							
2.2	累计未分配利润							
2.3	增值税							
2.4	所得税							
2.5	建设投资（不含建设期）							
2.6	流动资金							
2.7	各种利息支出							
2.8	偿还债务本金							
2.9	分配股利或利润							
2.10	其他							
3	资金盈余							
4	累计资金盈余							

注：①长期借款、流动资金借款、其他短期借款、自有资金及"其他"项的数据均取自投资计划与资金筹措表。
②固定资产投资、建设期利息及流动资金数据取自投资计划与资金筹措表。
③所得税及应付利润数据取自损益表。
④盈余资金等于资金来源减去资金运用。
⑤累计盈余资金各年数额为当年及以前各年盈余资金之和。

4. 基本报表4——资产负债表（表4-24）

资产负债表综合反映项目计算期内各年年末资产、负债和所有者权益的增减变化及对应关系，以考察项目资产、负债、所有者权益的结构是否合理，用以计算资产负债率、流动比率及速动比率，进行清偿能力和资金流动性分析。

资产负债表（人民币单位：万元） 表4-24

序号	项目	合计	计算期					
			1	2	3	4	…	n
1	资产							
1.1	流动资金总额							
1.1.1	应收账款							
1.1.2	存货							
1.1.3	现金							
1.1.4	累计盈余资金							
1.2	在建工程							
1.3	固定资产净值							

序号	项 目	合计	计 算 期					
			1	2	3	4	…	n
1.4	无形资产及递延资产净值							
2	负债及所有者权益							
2.1	流动负债总额							
2.1.1	应付账款							
2.1.2	短期借款							
2.2	长期借款							
	负债合计							
2.3	所有者权益							
2.3.1	资本金							
2.3.2	资本公积金							
2.3.3	累计盈余公积金							
2.3.4	累计公益金							
2.3.5	累计未分配利润							

5. 基本报表5——借款还本付息计划表及借款偿还计划表（表4-25、4-26）

价款还本付息计划表（人民币单位：万元） 表4-25

序号	项 目	合计	计 算 期					
			1	2	3	4	…	n
1	借款1							
1.1	期初借款余额							
1.2	当期还本付息							
	其中：还本							
	付息							
1.3	期末借款余额							
2	借款2							
2.1	期初借款余额							
2.2	当期还本付息							
	其中：还本							
	付息							
2.3	期末借款余额							
3	债券							
3.1	期初借款余额							
3.2	当期还本付息							
	其中：还本							

序号	项 目	合计	计 算 期					
			1	2	3	4	…	n
	付息							
3.3	期末借款余额							
4	借款与债券合计							
4.1	期初余额							
4.2	当期还本付息							
	其中：还本							
	付息							
4.3	期末余额							
计算指标	利息备付率（%）							
	偿债备付率（%）							

借款偿还计划表（单位：万元） 表 4-26

序号	项 目	合计	计 算 期				
			1	2	3	…	n
1	借款						
1.1	年初本息余额						
1.2	本年借款						
1.3	本年应计利息						
1.4	本年还本付息						
	其中：还本						
	付息						
1.5	年末本息余额						
2	还本资金来源						
2.1	当年可用于还本的未分配利润						
2.2	当年可用于还本的折旧和摊销						
2.3	以前年度结余可用于还本资金						
2.4	用于还本的短期借款						
2.5	可用于还款的其他资金						

思 考 题

1. 简述财务效益费用估算的内容。

2. 为什么要进行财务分析？财务分析的步骤有哪些？

3. 财务评价有哪些基本报表？项目投资现金流量表与项目资本金现金流量表各自的作用是什么？二者有什么区别与联系？

4. 某设备 3 年前购置，原始价值为 16 万元。若现在出售价值为 8 万元，估计还可以使用 5 年，其运行成本及残值数据如下表所示。试求：（1）不考虑资金的时间价值时设备的经济寿命；（2）考虑资金的时间价值（$i=10\%$）时设备的经济价值。

设备运行成本和残值数据表（单位：万元）　　　　　　表 4-40

设备使用寿命	1	2	3	4	5
运行成本初始值	0.6	0.6	0.6	0.6	0.6
运行成本劣化值		0.2	0.4	0.6	0.8
年末残值	5.5	4.5	3.5	2.5	0.1

5. 某新建工程项目现金流量如下表所示。根据表中资料，（1）做出现金流量图；（2）求静态投资回收期；（3）求财务内部收益率；（4）求财务净现值并判别项目是否可行（$i=10\%$）。

项目投资现金流量表（单位：万元）　　　　　　表 4-41

序号	项　目	合计	计　算　期					
			1	2	3	4	5-15	16
1	现金流入							
1.1	产品销售（营业）收入					8000	10000	10000
1.2	回收固定资产余值							2000
1.3	回收流动资金							3000
2	现金流出							
2.1	建设投资		5000	8000	6000			
2.2	流动资金					2000	1000	
2.3	经营成本					5000	7500	7500
2.4	销售税金及附加					500	600	600
3	所得税前净值流量							
4	所得税前累计净值流量							
5	调整所得税					50	100	100
6	所得税后净现金流量							
7	所得税后累计净现金流量							

第5章 工程项目经济费用效益分析与社会评价

5.1 经济费用效益分析的目的、范围和步骤

项目的经济费用效益分析也称国民经济评价，是从资源合理配置的角度，分析项目投资的经济效益和对社会福利所做出的贡献，评价项目的经济合理性和宏观可行性。

经济费用效益分析是项目评价方法体系的重要组成部分，市场分析、技术方案分析、财务分析、环境影响分析、组织机构分析和社会评价都不能代替经济费用效益分析的功能和作用。

5.1.1 经济费用效益分析的目的

经济费用效益分析的主要目的包括：

（1）全面识别整个社会为项目付出的代价，以及项目为提高社会福利所做出的贡献，评价项目投资的经济合理性；

（2）分析项目的经济费用效益流量与财务现金流量存在的差别，以及造成这些差别的原因，提出相关的政策调整建议；

（3）对于市场化运作的基础设施等项目，通过经济费用效益分析来论证项目的经济价值，为制定财务方案提供依据；

（4）分析各利益相关者为项目付出的代价及获得的收益，通过对受损者及受益者的经济费用效益分析，为社会评价提供依据。

5.1.2 经济费用效益分析的范围和步骤

1. 经济费用效益分析的范围

财务评价是从企业自身角度出发，考虑企业自身财务盈利状况的影响。而一个工程项目的影响则是多方面的，涉及到整个社会、国家和地区的经济发展。它会对公民的就业、消费、文化教育、科学技术、资源利用、生态环境、公共安全和社会公平等各个方面造成正面或负面影响。那么，在这些影响当中，哪些是经济费用效益分析要考察的主要内容，哪些内容则不用考虑，即对经济费用效益分析的范围如何界定呢？针对这个问题，主要有以下两种不同的观点。

（1）狭义的范围

认为经济费用效益分析应与社会评价分开，经济费用效益分析仅仅分析项目对国民经济产生的影响，而将工程项目对生态环境和社会生活等其他方面的影响放到社会评价中去。

（2）广义的范围

将工程对经济社会的各方面的影响用费用和效益化为统一的可计算量，用统一的货币计量单位表示，并进行比较分析。

2. 经济费用效益分析的步骤

经济费用效益分析包括下列步骤：国民经济效益和费用的识别、影子价格及参数的确定、效益和费用的调整、项目国民经济盈利能力分析、项目外汇效果分析、不确定性分析、方案比选、综合评价与结论。

（1）效益与费用的识别

工程项目经济费用效益分析是从整个国民经济的角度出发，考察项目对国民经济发展和资源合理利用的影响。在经济费用效益分析中的效益和费用，是指项目对国民经济所做的贡献及国民经济为项目所付出的代价，综合考察了项目的内部经济效果和外部经济效果。工程项目费用与效益因项目的类型及其评价目标的不同而有所不同。

（2）影子价格和参数的确定

工程项目经济费用效益分析的关键，是要确定既能反映资源本身的真实社会价值，又能反映供求关系、稀缺物资的合理利用和符合国家经济政策的经济价格。按照国家规定和定价原则，应合理选用和确定投入物与产出物的影子价格和参数，并对其进行鉴定和分析，然后根据已确定的经济效益与费用的范围，采用影子价格、影子工资、影子汇率和社会折现率来替代财务评价中的财务价格、工资、汇率和折现率。

（3）效益和费用的调整

经济费用效益分析中，效益和费用的调整的关键是按照确定的经济价格计算项目的销售收入、投资和生产成本的支出以及项目固定资产残值的经济价值。把项目的效益和费用等各项经济基础数据，重新鉴定和分析调整，主要是内容是否齐全和合理，调整的方法是否正确，是否符合国家规定等方面。效益和费用的调整可从范围和数值两方面进行。

1）效益和费用范围的调整

①剔除已记入财务效益和费用中的转移支付；

②识别项目的间接效益和间接费用，对能定量的应进行定量计算，不能定量的，应作定性的描述。

2）效益和费用数值的调整

①固定资产投资的调整。剔除属于国民经济内部转移支付的引进设备，材料的关税和增值税，并用影子价格汇率，影子运费和贸易费用对引进设备价值进行调整；对于国内的设备价值用其影子价格，影子运费和贸易费用进行调整。

根据建筑工程消耗的人工，三材，其他大宗的材料，按材料的影子价格调整安装费用。

用土地的影子价格费来代替占用土地的实际费用，剔除涨价预备费，调整其他费用。

②流动资金的调整。调整由于流动资金估算基础的变化引起的流动资金占用量的变动。

③经营费用的调整。可以先用货物的影子价格，影子工资等参数调整费用，然后再汇总求得总经营费用。

④销售收入的调整。先确定项目产出物的影子价格，然后计算销售收入。

⑤在涉及外汇借款时，用影子汇率计算出外汇本金与利息的偿付款。

（4）项目国民经济盈利能力分析

项目的国民经济效益费用流量表（全部投资）是在对项目效益和费用等经济数值调整

的基础上进行编制，主要是计算全部投资的经济内部收益率和经济净现值指标；对使用国外贷款的项目，还应编制国民经济效益费用流量表（国内投资），并据此计算国内投资的经济内部收益率和经济净现值指标。

（5）项目外汇效果分析

对涉及有外贸及其他影响外汇流入、流出的项目，如产出物全部或部分出口或替代进口的项目，需编制经济外汇流量表、国内资源流量表。并据此计算经济外汇净现值、经济换汇成本或经济节汇成本指标。

（6）不确定性分析

经济费用效益分析的不确定性分析的评价，主要通过盈亏平衡分析和敏感性分析以及概率分析等分析方法，以确定项目投资在经济上的可靠性和抗风险能力。

（7）方案比选

工程项目投资方案的经济效果比选，是寻求合理的经济和技术决策的必要手段，也是经济费用效益分析的重要组成部分。方案的比选应遵循宏观和微观，技术和经济相结合的原则进行。方案比选一般可采用净现值或差额内部收益率法，而对于效益相同的方案或效益基本相同又难以具体估算的方案，可采用最小费用法（如总费用现值比较法和年费用比较法）比选。

（8）综合评价与结论

首先按照国家政策，对项目有关的各种经济因素做出综合分析，以经济费用效益分析为主。结合财务评价和社会效益评价，对主要评价指标进行综合分析，形成评价结论。然后对项目经济评价中反映的问题和对项目需要说明的问题及有关建议加以明确阐述。

3. 经济费用效益分析与财务评价的异同

经济费用效益分析和财务评价是项目经济评价的两个层次，它们相互联系，有共同点，又有本质的区别。经济费用效益分析可以单独进行，也可以在财务评价的基础上进行调整计算。

（1）经济费用效益分析与财务评价的共同点

1）评价的目的相同

经济费用效益分析和财务评价目的都是要寻求能以最小的投入获得最大的产出的工程项目和建设方案，都属于经济评价范畴。

2）评价的基础相同

经济费用效益分析和财务评价都是在完成项目的产品需求预测、市场分析、工程技术方案构思、投资估算及资产规划等步骤的基础上进行的，都是可行性研究的组成部分。

3）评价的基本方法和指标相同

经济费用效益分析和财务评价都是在经济效果评价与方案比选的基本理论指导下进行的，采用的分析方法基本相同；都要考虑资金的时间价值；所采用的评价指标均为净现值、净年值、内部收益率等；评价中都是通过编制相关报表对项目进行分析、比较。

4）计算期相同

两者的费用和效益计算都涉及包括建设期，生产期全过程等相同的计算期。

（2）经济费用效益分析与财务评价的区别

1）评价的角度不同

经济费用效益分析是站在国家整体的宏观角度考察项目需要国家付出的代价和对国家的贡献，分析项目对国民经济发展、收入分配、资源配置等方面的影响，进而确定其经济上的合理性；而财务评价是站在项目的微观层次上，从企业角度考察收支和盈利状况及偿还借款能力，以确定投资项目的财务可行性。

2）费用、效益的含义及划分不同

经济费用效益分析是从全社会的角度，根据项目消耗的资源及向社会提供的有用产品或服务来考察项目的效益和费用；财务评价根据项目的直接财务收支，计算项目的直接效益和直接费用。有些在财务评价中视为费用或效益的财务收支，如税金、补贴、国内借款利息等，在经济费用效益分析中不视为费用或收益；而在财务评价中不考虑的间接费用或间接效益，如环境污染、节约劳动时间和降低劳动强度等，在经济费用效益分析中又必须当作费用或效益进行相关计算。

3）评价采用的价格不同

经济费用效益分析使用的是能够反映资源真实经济价值的影子价格，它与市场价格不同；财务评价要考察投资项目在财务上的现实可行性，因而对投入物和产出物均采用财务价格，即现行市场价格或其预测值。

4）主要参数不同

经济费用效益分析通常采用国家统一测定和颁布的影子汇率和社会折现率；而财务评价采用的汇率一般选用当时的官方汇率，折现率是因行业而异的基准收益率。

5）评价的组成内容不同

经济费用效益分析通常只做盈利能力分析而不做清偿能力分析，对于那些直接或间接影响国家外汇收支的项目还要进行外汇效果分析；而财务评价的主要内容包括盈利能力分析和清偿能力分析两方面，对于有外汇收支的项目，还要在此基础上进行外汇平衡分析。

6）考察与跟踪的对象不同

经济费用效益分析考察的是项目对国民经济的净贡献，跟踪的是围绕项目发生的资源流动；而财务评价考察的是项目的生存能力，跟踪的是与项目直接相关的货币流动。

经济费用效益分析与财务评价的区别   表 5-1

类　　别	财　务　评　价	经济费用效益分析
评价角度	从企业角度出发	从国民经济和社会需要角度出发
评价目标	企业的盈利	实现社会或国家基本发展目标及对资源进行合理分配
评价范围	直接效果	直接效果和间接效果
计算基础	市场价格、基准收益率、官方汇率	影子价格、社会折现率、影子汇率
评价内容	盈利能力、清偿能力、外汇平衡	盈利能力、外汇效果
跟踪对象	货币流动	资源流动
转移支付的处理	列为费用或效益	不列为费用或效益

5.2　经济费用效益分析的参数

经济费用效益分析的参数主要包括影子价格、影子汇率、影子工资和社会折现率等。

它们是经济评价的基础，是工程项目经济评价中计算费用和效益的依据。

经济评价参数中的一些通用参数如影子汇率、影子工资和社会折现率是由国家有关部门统一组织测算的，并实施阶段性的调整。

5.2.1 影子价格

影子价格是荷兰数理学、计量经济学的创始人之一詹恩-丁伯根和前苏联数学家、经济学家康托罗维奇在20世纪30年代末至40年代初分别提出来的。它是指当社会经济处于某种最优状态时，能够反映社会劳动消耗、资源稀缺程度和最终产品需求情况的价格。在对项目进行国民经济评价时，为了计算项目为国民经济所作的净贡献，原则上都应该使用影子价格。但在实际计算过程中，为了计算方便，在不影响评价结论的前提下，可只在计算其价值在效益或费用中所占比重较大或者国内价格明显不合理的产出物或投入物时使用影子价格。

在确定影子价格时，目前一般采用 UNIDO 法以及利特尔-米尔里斯法，这两种方法都要把货物区分为外贸货物和非外贸货物两大类，然后根据项目的各种投入物和产出物对国民经济的影响分别进行处理。

1. 外贸货物的影子价格

确定外贸货物的影子价格，主要考虑外贸货物供求变化趋势对国民经济评价产生的影响。确定外贸货物的口岸价格时应考虑国际市场的变化趋势，力求作出有根据的预测。另外要注意由于倾销或暂时紧缺出现的口岸价格过低或过高的情况。

口岸价格也称为边境价格，或国际市场价格，最常用的两种口岸价格是到岸价格和离岸价格。到岸价格 CIF（Cost Insurance Freight）是指进出口货物到达本国口岸的价格，包括国外购货成本及运到本国口岸，并卸下货物的运费及保险费。离岸价格 FOB（Free On Board）是指出口货物离境（口岸）的交货价格。如果是海上交货，则指船上的交货价格。

外贸货物的影子价格以实际可能发生的口岸价格为基础确定，具体方法如下：

（1）产出物

①直接出口产品（外贸产品）的影子价格（SP）：离岸价格（FOB）乘以影子汇率（SER），减去国内运输费用（T_1）和贸易费用（Tr_1），其表达式为：

$$SP = FOB \times SER - (T_1 + Tr_1) \qquad (5-1)$$

②间接出口产品（内销产品，替代其他货物增加出口）的影子价格（SP）：离岸价格（FOB）乘以影子汇率，减去原供应厂到口岸的运输费用（T_2）及贸易费用（Tr_2），加上原供应到用户的运输费用（T_3）及贸易费用（Tr_3），再减去拟建项目到用户的运输费用（T_4）及贸易费用（Tr_4），其表达式为：

$$SP = FOB \times SER - (T_2 + Tr_2) + (T_3 + Tr_3) - (T_4 + Tr_4) \qquad (5-2)$$

当原供应商和用户难以确定时，可按直接出口考虑。

③替代进口产品（内销产品，以产顶进，减少进口）的影子价格（SP）：原进口货物的到岸价格（CIF）乘以影子汇率，加口岸到用户的运输费用（T_5）及贸易费用（Tr_5），再减去拟建项目到用户的运输费用及贸易费用（$T_4 + Tr_4$）。其表达式：

$$SP = CIF \times SER + (T_5 + Tr_5) - (T_4 + Tr_4) \qquad (5-3)$$

具体用户难以确定时，可按到岸价格计算。

（2）投入物（项目投入物的到厂价格）

①直接进口产品（国外产品）的影子价格·（SP）：到岸价格（CIF）乘以影子汇率，加国内运输费用和贸易费用（$T_1 + Tr_1$）。其表达式为：

$$SP = CIF \times SER + (T_1 + Tr_1) \tag{5-4}$$

②间接进口产品（国内产品：如木材，钢材，铁矿，硌矿等，以前进口过，现在也大量进口）的影子价格（SP）：到岸价格（CIF）乘以影子汇率，加口岸到原用户的运输费用及贸易费用（$T_5 + Tr_5$），减去供应厂到用户的运输费用及贸易费用（$T_3 + Tr_3$），再加上供应厂到拟建项目运输费用（T_6）及贸易费用（Tr_6）。其表达式为：

$$SP = CIF \times SER + (T_5 + Tr_5) - (T_3 + Tr_3) + (T_6 + Tr_6) \tag{5-5}$$

原供应厂和用户难以确定时，可按直接进口。

③占用出口的产品（国内产品，如可出口的煤炭有色金属等，以前出口过，现在也能出口）影子价格（SP）：离岸价格（FOB）乘以影子汇率，减去供应厂到口岸的运输费用及贸易费用（$T_2 + Tr_2$），再加上供应厂到拟建项目的运输费用（T_6）及贸易费用（Tr_6），其表达式为：

$$SP = FOB \times SER - (T_2 + Tr_2) + (T_6 + Tr_6) \tag{5-6}$$

供应厂难以确定时，可按离岸价格计算。

[例 5-1] 某特种钢在距钢厂最近的口岸的离岸价格为每吨 550 美元；影子汇率按 7.78 元计算。钢厂到该口岸距离 350 公里，铁路运费的影子价格为每吨千米 5.5 分。贸易费用价格按口岸费用的 7% 计算。试计算特种钢的影子价格。

[解] 根据式（5-1）计算如下

$$550 \times 7.78 - [(350 \times 0.055) + 550 \times 7.78 \times 7\%] = 3960.22 \text{ 元/吨}$$

即特种钢出口的影子价格为 3960.22 元/吨。

[例 5-2] 上例中的特种钢供应给某机械制造厂制造大型机械设备，钢厂到机械厂的铁路运距为 700 公里。试求占用出口特种钢的影子价格。

[解] 根据式（5-6）计算如下

$$550 \times 7.78 - (350 \times 0.055) + 700 \times 0.055 = 4298.25 \text{ 元/吨}$$

即该机械制造厂占用可出口特种钢的影子价格为 4298.25 元/吨。

[例 5-3] 假定煤炭在离某发电厂所在地最近的某口岸的到岸价格为每吨 60 美元；该口岸到发电厂所在地的铁路运距为 300 公里，汇率、铁路运费、贸易费用等均与例 5-1 相同。试求进口煤炭的影子价格。

[解] 根据式（5-4）计算如下

$$60 \times 7.78 + 300 \times 0.055 + 60 \times 7.78 \times 7\% = 515.976 \text{ 元/吨}$$

即进口煤炭的影子价格为 515.976 元/吨。

[例 5-4] 假设例 [5-3] 改为某地煤矿向发电厂供应煤炭。煤矿所在地距发电厂的铁路运距为 1000 公里。试求替代进口煤炭的影子价格。

[解] 根据式（5-3）计算如下

$$60 \times 7.78 + (300 \times 0.055) - 1000 \times 0.055 = 428.3 \text{ 元/吨}$$

即替代进口煤炭的影子价格为 428.3 元/吨。

[例 5-5] 山东某家具厂所用木材由东北林场供应，现在河北某地新建一家具厂，其所用木材也由东北林场供应，于是东北林场供给山东家具厂的货靠从青岛口岸来满足。木材进口价格为 200 美元/m^3。青岛距山东家具厂 200km，东北林场距山东家具厂 800km，东北林

场距河北家具厂 300km。木材运费为 0.1 元/(m^3·km)，影子汇率为 1 美元 = 8 元人民币，贸易费用为货价的 6%。试求河北新建家具厂耗用木材的影子价格。

[解] 河北家具厂耗用的木材属间接进口产品，根据式（5-5）其影子价格为：

$$SP = 200 \times 8 + (200 \times 0.1 + 200 \times 8 \times 0.06) - (800 \times 0.1 + 200 \times 8 \times$$
$$0.06) + 300 \times 0.1 + (200 \times 8 + 200 \times 0.1 - 800 \times 0.1) \times 0.06$$
$$= 1662 \ 元/m^3$$

2. 非外贸货物的影子价格

（1）产出物

①增加供应数量满足国内消费的产出物。供求均衡的，按财务价格定价；供不应求的，参照国内市场价格并考虑价格变化的趋势定价，但不应高于相同质量产品的进口价格；无法判断供求情况的，取上述价格中较低者。

②不增加国内供应数量，只是替代其他相同或类似的企业的产出物，致使被替代的企业停产或减产的。质量与被替代产品相同的，应按被替代企业相应的产品可变成本分解定价；提高产品质量的，原则上应按被替代产品的可变成本加提高产品质量而带来的国民经济效益定价，其中，提高产品质量而带来的国民经济效益定价，可近似的按国际市场价格与被替代产品的价格之差确定。

③如果项目产出品占全国供应量的份额较大，且会使市场价格下降，则可用无该项目的原价格 P_0 和有该项目后预测的新价格 P_1 的平均值作为影子价格的近似值

$$P_S = (P_0 + P_1)/2 \tag{5-7}$$

这种情况是通过降低市场价格扩大需求量，意味着市场均衡假设成立，因而，这种降价方式是建立在供求均衡和消费者剩余理论基础上的。

④产出物按上述的原则定价后，再计算为出厂的价格。

（2）投入物

①能通过原有企业挖潜（不增加投资）增加供应量，按成本分解定价。

②在拟建的计算期内需通过增加投资扩大生产规模来满足拟建项目需要的，按全部成本（包括可变和固定成本）分解定价。当难以获得分解成本所需的资料时，可按照国内市场的价格定价。

③项目计算期内无法通过扩大生产规模增加供应的（减少原用户的供应量），参照国内市场价格，按国家统一价格补贴（如有时）中较高者定价。

④投入物按上述原则定价后，再计算为到厂的价格。

3. 土地影子价格

土地是重要的经济资源，国家的土地资源是有限的，国家对建设项目使用土地实行政府管制，土地使用价格受到土地管制的影响，可能并不能反映土地的真实价值。土地影子价格代表对土地资源的真实价值衡量，在项目的经济费用效益分析中要正确衡量土地资源的影子价格，提高土地资源的利用率。

土地影子价格应当等于土地的机会成本加上土地转变用途所导致的新增资源消耗。即：

土地影子价格 = 土地机会成本 + 新增资源消耗

在项目的经济费用效益分析中，占用土地的机会成本和新增资源消耗应当充分估计。

项目占用的土地位于城镇与农村，具有不同的机会成本和新增资源消耗构成，要采用不同的估算方法。

[例5-6] 某工程项目建设期为4年，生产期为16年，占用小麦耕地500亩，占用前3年平均亩产为0.8t，预计该地区水稻亩产可以逐年递增4%。每吨小麦的生产成本为800元。小麦为外贸产品，按出口处理，其出口口岸价为每吨300美元。项目所在地离口岸500km，小麦运费为0.1元/(t·km)，贸易费用为货价的6%。影子汇率换算系数为1.08，外汇牌价按7.5元人民币/美元计算，社会折现率为12%，试计算有关农田的土地费用。

[解] 每吨小麦按口岸价格计算的影子价格为：

$300 \times 1.08 \times 7.5 - 500 \times 0.1 - (300 \times 1.08 \times 7.5 - 500 \times 0.1) \div 1.06 \times 6\% = 2245$ 元；

该土地生产每亩小麦的净收益为 $2245 - 800 = 1445$ 元

20年内每亩小麦的净收益现值为：

$$P = \sum_{t=1}^{20} 1445 \times 0.8 \times \left(\frac{1 + 4\%}{1 + 12\%} \right)^t = 11617.14 \text{ 元}$$

500亩小麦20年内的净收益现值为

$$11617.14 \times 500 = 580.85 \text{ 万元}$$

5.2.2 影子汇率

影子汇率（SER）是指单位外汇的经济价值，区分于外汇的财务价格和市场价格。在项目经济费用效益分析中使用影子汇率，是为了正确计算外汇的真实经济价值，影子汇率代表着外汇的影子价格。

影子汇率是项目经济费用效益分析的重要参数，由国家统一测定发布，并且定期调整。影子汇率的发布有两种形式，一种是直接发布影子汇率，另一种则是将影子汇率与国家外汇牌价挂钩，发布影子汇率换算系数。影子汇率的取值对于项目决策有着重要的影响。影子汇率转换系数取值较高，反映外汇的影子价格较高。外汇的影子价格高，表明项目使用外汇时的社会成本较高。对于那些主要产出物是外贸货物的项目，影子汇率较高，将使项目收入的外汇经济价值较高。而对于投入物中有较大进口货物的项目，外汇影子价格较高，使得项目投入外汇的社会成本较高。

根据最新国家对均衡汇率的研究结果，考虑到我国进出口关税和补贴，进口增值税税率一般为17%，出口产品通常免征增值税，再考虑非贸易外汇收支不征收增值税，最终影子汇率换算系数取值为1.08，即外汇牌价乘以1.08等于影子汇率。

例如，中国银行外汇牌价为1美元兑换7.78元人民币，则此时的影子汇率为1美元等价于8.4024元人民币（$7.78 \times 1.08 = 8.4024$ 元）。

5.2.3 影子工资

影子工资，即劳动力的影子价格，是指建设项目使用劳动力、耗费劳动力资源而使社会付出的代价。影子工资按下式计算：

$$影子工资 = 劳动力机会成本 + 新增资源消耗 \qquad (5-8)$$

劳动力机会成本系指劳动力在本项目中被使用，而不能在其他项目中使用而被迫放弃的劳动收益。

新增资源消耗是指劳动力在本项目新就业或由其他就业岗位转移来本项目而发生的社

会资源消耗。

影子工资还可通过影子工资换算系数得到。影子工资换算系数指影子工资与项目财务分析中的劳动力工资之间的比值，因此影子工资也可按下式计算：

$$影子工资 = 财务工资 \times 影子工资换算系数 \tag{5-9}$$

根据国家最新对影子价格的测算，在分类方法上，采用技术与非技术劳动力的分类方式，分别测算其劳动力影子价格的推荐取值。对于技术劳动力，采用影子工资等于财务工资，即影子工资换算系数为 1。对于非技术劳动力，推荐在一般情况下采取财务工资的 0.25 ~ 0.8 倍作为影子工资，即影子工资换算系数为 0.25 ~ 0.8。考虑到我国各地经济发展水平不同，劳动力供求关系有一定差别，规定应当按照当地非技术劳动力供给富余程度调整影子工资换算系数。

例如，一个外资企业某部门经理，其财务工资为 5000 元，确定其影子工资转换系数为 0.6，则该经理的影子工资为 5000 × 0.6 = 3000 元。

5.2.4　社会折现率

在计算项目的经济净现值指标时，需要使用一个事先确定的折现率。在使用经济内部收益率指标时，需要用一个事先确定的基准收益率作对比，以判断项目的经济效益是否达到了标准。通常将经济净现值计算中的折现率和经济内部收益率判据的基准收益率统一起来，规定为社会折现率。

作为项目经济效益要求的最低经济收益率，社会折现率代表着社会投资所要求的最低收益率水平。项目投资产生的收益率如果达不到这一最低水平，项目不应当被接受。社会投资所要求的最低收益率，理论上认为应当由社会投资的机会成本决定，也是由社会投资的边际收益率决定。

目前社会折现率的确定主要有两种思路：一种是基于资本的社会机会成本的方法；另一种是基于社会时间偏好的方法。根据一些数量经济学者的研究，采用生产函数方程，依据我国建国以来经济发展统计数据，预测我国未来 20 年以内的社会资本收益率为 9% ~ 11%。考虑到社会资本收益率与社会时间偏好之间的折中，2005 年国家修订发布的社会折现率为 8%。

对于不同类型的具体项目，应当视项目性质采取不同的社会折现率。比如，对于交通运输项目的社会折现率要比水利工程项目高。对于一些特殊的项目，主要是水利工程、环境改良工程、某些稀缺资源的开发利用项目，采用较低的社会折现率。

对于永久性工程或者收益期较长的项目，比如水利设施等大型基础设施和具有长远环境保护效益的工程项目，宜采用低于 8% 的社会折现率。对于超长期项目，社会折现率可用按时间分段递减的方法取值。

以水利项目和环境保护项目为例，实际上，水利及环境的远期效益价值本身是我们在目前的认识水平下难以判断的，从资源的稀缺性考虑，水力资源和环境资源的价值是会随着时间的推移不断增长的，某些不可再生资源，其价值增长速度甚至会高于国民经济增长的速度。因此，超长期以后的费用效益计算，不应当仅仅由社会折现率来调整，更应当着眼于对费用效益价值本身的估算。

5.3 经济费用效益分析的方法

5.3.1 经济费用效益分析指标

1. 经济净现值（*ENPV*）

经济净现值是项目按照社会折现率将计算期内各年的经济净效益流量折现到建设期初的现值之和，是经济费用效益分析的主要评价指标。计算公式为：

$$ENPV = \sum_{t=1}^{n} (B - C)_t (1 + i_s)^{-t} \tag{5-10}$$

式中　*B*——经济效益流量；

　　　C——经济费用流量；

$(B - C)_t$——第 *t* 期的经济净效益流量；

　　　N——项目计算期；

　　　i_s——社会折现率。

在经济费用效益分析中，如果 *ENPV*≥0，说明项目可以达到社会折现率要求的效率水平，认为该项目从经济资源配置的角度可以被接受。

2. 经济内部效益率（*EIRR*）

经济内部效益率是项目在计算期内经济净效益流量的现值累计等于零时的折现率，是经济费用效益分析的辅助评价指标。计算公式为：

$$\sum_{t=1}^{n} (B - C)_t (1 + EIRR)^{-t} = 0 \tag{5-11}$$

式中　*EIRR* 为经济内部效益率，其它同经济净现值公式。如果经济内部效益率等于或者大于社会折现率，表明项目资源配置的经济效率达到了可以被接受的水平。

3. 效益费用比（R_{BC}）

效益费用比是项目在计算期内效益流量的现值与费用流量的现值的比率，是经济费用效益分析的辅助评价指标。计算公式为：

$$R_{BC} = \frac{\sum\limits_{t=1}^{n} B_t (1 + i_s)^{-t}}{\sum\limits_{t=1}^{n} C_t (1 + i_s)^{-t}} \tag{5-12}$$

式中　B_t——第 *t* 期的经济效益；

　　　C_t——第 *t* 期的经济费用。

如果效益费用比大于1，表明项目资源配置的经济效率达到了可以被接受的水平。

5.3.2 经济费用效益分析的主要方法

经济费用效益分析一方面从资源优化配置的角度，分析项目投资的经济合理性，另一方面通过财务分析和经济费用效益分析结果的对比，分析市场的扭曲情况，判断政府公共投资是否有必要介入本项目的投资建设，并为改善本项目的财务状况、进行政策调整提出分析意见。因此，在建设项目的经济费用效益分析中，必须重视对策建议的分析。

（1）经济费用效益分析强调以受益者支付意愿原则测算项目产出效果的经济价值，对于基础设施项目，是分析建设投资的经济价值及市场化运作能力的重要依据；

（2）通过财务现金流量与经济费用效益流量的对比分析，判断二者出现的差异及其原因，分析项目所在行业或部门存在的导致市场失灵的现行政策，提出纠正政策干预失当、改革现行政策法规制度、提高部门效率的政策建议；

（3）通过项目费用及效益在不同利益相关者之间分布状况的分析，评价项目对不同利益相关群体的影响程度，分析项目利益相关群体受益及受损状况的经济合理性。

经济费用效益分析强调站在整个社会的角度，分析社会资源占用的经济效率，主要方法有：

（1）经济费用效益比较的分析方法，如经济费用效益分析方法（CBA）、经济费用效果分析方法（CEA）；

（2）多准则分析方法（MCA）：将项目视为多目标的投资决策问题，将经济费用效益分析纳入多目标决策的框架体系中；

（3）定性分析方法，对项目的各种经济影响进行全面陈述，为投资决策提供依据。

其他还有总费用分析法、完全费用效益分析法及项目周期费用分析法等。对于建设项目的经济费用效益分析，原则上应尽可能地采用费用效益分析方法，尽可能地对项目的产出进行货币量化，以便为政府投资决策及对企业项目的核准提供必要的依据。对于效益难以进行货币量化的项目，应全面列举货币化的或不能货币化的各类效益和费用，进行定性经济费用效益分析，以便对项目的经济影响进行全面评价。

[例5-7] 某省 A 城至 B 城公路上 A 城至 M 县路段上，拟建公路隧道项目，项目按一次建成四车道高速公路标准设计，路线总长 21.185km，其中隧道建设规模为双洞四车道。隧道长度18.02km。总投资约为 26.6841 亿元。本项目建设期 4 年，经营期 20 年，计算期 24 年。预测交通量 2010 年可达 9012 辆标准小客车/日，2015 年可达 14302 辆标准小客车/日，2025 年可达 28484 辆标准小客车/日。试从经济费用效益分析的角度识别和计算该项目的经济费用。

[解] ①主要评价参数

社会折现率：根据《建设项目经济评价方法与参数》（第三版）取8%；

影子工资：技术工种影子工资换算系数为1，非技术工种影子工资换算系数为0.5；

影子汇率：$1.08 \times 8.1 = 8.75$。

②经济费用效益分析范围

经济费用效益分析应从项目建设消耗社会全部资源的角度分析，按照经济费用效益计算口径对应一致的原则，对于有些投资和运营费用（主要指由于拟建项目的建设必须配套建设的关联项目）在财务分析中可不予考虑，在经济费用效益分析中应一并考虑分析。

拟建项目为 A 城至 B 城之间陆路联系的重要控制性工程，因此必须配套建设关联连接线（未列入拟建项目的工程投资中），即 A 城至拟建项目起点的接线高速公路，以及拟建项目终点至 M 县的接线高速公路，关联项目为双向四车道高速公路标准，路线总长度为43.8km。

③经济费用的识别和计算

项目经济费用包括路网范围内，拟建项目和关联项目的建设费用、运营管理、养护、大中修等费用。

建设经济费用调整。根据经济费用效益分析原则，投入物中的主要材料为市场价格，因此不进行调整。剔除建设费用中的税金、建设期贷款利息等转移支付项目。

人工经济费用调整。项目施工中非技术工种人工数量占人工总数量的30%，需用人工影子价格进行调整，调整系数为0.85。

主要投入物经济费用调整。项目施工中主要投入物（即主要材料）均采用市场价，不进行调整。

土地经济费用调整。土地经济费用由土地机会成本和新增资源消耗组成。考虑拟建项目土地现状土地净产值较低，经济费用效益分析中土地机会成本按照财务价格扣除耕地占用税等转移支付后的总费用计算；新增资源消耗按照有项目情况下土地的征用造成原有土地附属物财产损失及其资源消耗计算。调整后的土地机会成本为2346万元，新增资源消耗为132万元。

转移支付调整。按转移支付的类别，分别扣除建筑安装工程费中税金等。

经过调整后建设期经济费用结果见表5-2。

建设期经济费用表（单位：万元）　　　　　　　　　　　　　　表5-2

序　号	项　　目	数　量	调整原则	投资估算	经济费用
1	建筑安装工程费		调整	204674	193504
1.1	人工		调整	30510	25933
1.2	税金		剔除	6593	0
2	设备及工器具购置费		不调	25906	25906
3	其他工程建设费		调整	14129	14056
3.1	土地费用	393亩	调整	2431	2346
3.2	资源消耗		调整	120	132
4	预备费用		不调	22132	22132
5	合计			266841	255598

关联项目建设经济费用调整。按照上述调整原则和方法，关联项目的建设经济费用调整为197192万元。

建设经济费用总计。建设经济费用总量为452790万元。

运营经济费用。运营经济费用中材料、人工均以市场价为基础，因此不进行调整。

5.4　项目的社会评价

5.4.1　投资项目社会评价的涵义

对投资项目进行科学地评价与分析，是实现项目决策科学化，提高项目效益及其经济持续性发展的关键。国内外的经验表明，对投资项目仅从经济上进行评价，不足以对项目做出最优的选择，还必须从项目对社会发展目标的贡献和影响方面分析其利弊得失，使项目得以整体优化，以保证其顺利实施，而且项目符合社会需求并能为社会所接受，往往能提高项目的经济效率。然而就投资项目的社会评价的理论体系和评价方法而言，国内尚未形成一套完整的理论，同时就社会评价内涵的理解来说，也存在着一定的误区。这里首先通过介绍投资项目社会评价的发展过程，来明确投资项目社会评价的内涵。

第二次世界大战后，西方资本主义国家普遍采纳了凯恩斯理论和福利经济学的思想。西方经济学家们认为，国家的发展包括两个目标：一是经济的增长，二是公平分配。前者称为效率目标，后者称为公平目标，两者合称为国民福利目标。效率目标要求增加国民收入，公平目标要求在不同收入阶层、不同地区以及投资与消费之间合理分配国民收入。作为投资项目而言，不但要追求效率，而且要注重公平。基于这种思想，当时的项目评价把收入分配、就业等社会发展目标引入传统的费用效益分析中，被称之为社会费用分析（Social Cost-Benefit Analysis）或现代费用效益分析。这种社会费用分析包括经济效率目标和社会公平分配目标，这两部分合称为社会评价。这种社会评价基本上是在经济学的范畴内，围绕经济发展目标进行的。

自 20 世纪 60 年代起，西方发达国家兴起了环境运动，环境问题成为公众关心的热点问题，各国政府开始制定环境保护和环境管理方面的法律、法令。美国国会 1969 年通过的国家环境政策法令（NEPA）中规定美国联邦政府投资或实施的所有项目和规划必须事先进行环境影响评价（Environmental Impact Assessment），提供环境影响报告书。这里的环境包括自然环境和人文社会环境。可以看出在这种环境评价中包含了社会评价的成分。

近几十年来，传统的工业化、现代化发展道路产生了一些负面后果，例如，人口剧增、不可再生资源的过度消耗、环境污染、生态破坏、南北差距加大、文化多样性等成为全球性的重大问题。各国也在自己的发展过程中积累了相当多的经验教训，人们开始关注投资项目对社会的影响以及社会条件在项目实施中的作用。一些社会科学家就此提出了"以人为中心的发展观念"，认为发展的目的不是发展物质而是发展人类。人们开始尝试从社会学的角度分析项目对实现国家或地方各项社会发展目标所做的贡献和影响，以及项目与当地社会环境的相互影响。此时一个真正意义上的社会评价开始独立出来。从美国的社会影响评价、英国社会分析和世界银行社会评价中，我们可以看到许多共同之处，即集中分析项目与当地的社会、人文环境之间的相互作用，预测项目实施对人民生活、社区结构、人口、收入分配、福利、健康、安全、教育、文化、娱乐、风俗习惯及社区凝聚力等方面有可能产生的影响及社会问题。

5.4.2 投资项目社会评价的适用范围

任何投资项目都与人和社会有着密切的联系，因而从理论上讲，投资项目的社会评价适合于各类投资项目的评价。然而，项目的社会评价难度大、要求高，并且需要一定的资金和时间投入，因此也不是任何项目都有必要进行社会评价。一般而言主要是针对当地居民受益较大的社会公益性项目、对人民生活影响较大的基础性项目、容易引起社会动荡的项目和国家地区的大中型骨干项目及扶贫项目进行评价。例如水利灌溉项目、移民和非自愿移民项目、畜牧项目、渔业项目、林业项目以及大型的能源、交通、工业项目。

5.4.3 投资项目社会评价的内容

社会评价与经济评价、环境评价一样可以用一系列指标来衡量，社会评价的指标侧重难以量化的非物质指标，指标强调民族、社会性别、弱势群体（贫困、非自愿移民、老年人、儿童等）的敏感性（disaggregated），其指标体系由下列几部分组成：

（1）社会公平指标：包括利益相关者收入提高程度及差异程度、基尼系数、恩格尔系数、公众参与度、就业率（如妇女就业率）、社会保障率、民族、性别公平程度、贫困人口数等；

（2）社会公正指标：包括信息公开（policy-disclosure）程度、教育机会、资源获得、就业权、性别公正等；

（3）可持续性指标：人力资源建设、机构能力建设、科技贡献率、创新能力指数、信息化水平指数、社会成本等。

社会评价应根据项目所在行业，识别主要社会影响，选择有关社会因素，设计行业指标，进行社会评价。当前一些投资项目的社会评价中实际上包括了三个方面的内容，社会经济、环境与可持续发展和社会影响。

从社会经济的角度评价包含两个方面：一是经济的增长，二是收入的分配。

从环境与可持续发展的角度评价主要是对自然与生态环境、自然资源方面进行评价。

可持续发展包含四个资本的可持续，即经济资本、自然资本、人力资本、社会资本的可持续发展。社会评价可以实现两个层次的可持续发展，一是项目本身的可持续发展，对项目的可行性论证应该从战略的高度进行，应充分考虑到项目对利益相关者的直接和间接、短期和远期、有形和无形、正面和负面的影响；二是社会可持续发展，项目的建设总要占用或耗费社会、自然资源，为体现"代际公平"和"代内公平"，实现可持续发展，必须努力避免"先污染后治理"的发展观。

投资项目的社会影响的评价主要包括三个方面的内容。

一是对与投资项目相关的利益群体的评价。项目的社会评价，首先要检验项目设计是否考虑了社会文化及人口统计特征——项目地区的人口规模及社会结构，人口密度及社会分层模式（包括少数民族、部落和阶层的构成）。这对影响特定目标群体（如少数民族、迁移人口和妇女）的项目构成是非常重要的，有利于对项目效益的分配做出合理的安排。在评价中必须调查与项目存在利害关系的人们的意见，调查他们能否在项目的实施、维护、运营和监督过程中继续或扩大他们的参与活动。投资项目应包括帮助受益者自我组织完成这些职能的策略。

二是对项目地区人口生产活动的社会组织的评价。要准确地理解项目地区生产活动的社会组织。包括（1）项目地区所流行的居民模式和家庭体系特点、劳动力的可获得性和所有制的形式；（2）小型生产者是否能合理利用市场、能否获得地区经济的有关信息；（3）土地所有制度和使用权；（4）项目地区利用可获得的自然资源和其他生产性资源的使用方式。要充分评估这些因素在项目实施后的变化，保证项目地区的社会组织能适应所引入的技术条件的变化。

三是对项目的文化可接受性及其预期受益者需求的一致性的评价。投资项目必须考虑项目地区的价值观、风俗习惯、信仰和感知需要。项目必须是文化上可以接受的，必须被当地的社会活动者以及他们的机构和组织所理解，并能运行和维护。例如，对一个在牧业用地和农业用地结合地带的牧人与耕作者的合作项目来说，如果忽视这两个群体之间原有的历史关系，这个项目可能很难实施。

5.4.4　投资项目社会评价的方法

投资项目社会评价涉及的内容比较广泛，面临的社会问题比较复杂，能够量化的尽量进行定量分析，不能量化的则要根据项目地区的具体情况和投资项目本身的特点进行定性分析。对于社会经济和环境方面的评价，现在已经形成了一套比较系统的数量评价指标，而对社会影响方面的评价而言，则主要还是以定性分析为主。

1. 定性分析方法

（1）有无对比分析法

有无对比分析法首先要调查在没有拟建项目的情况下，项目地区的社会状况，并预测项目建成后对该地区社会状况的影响，通过对比分析，确定拟建项目所引起的社会变化，即各种效益与影响的性质和程度。

（2）逻辑框架分析法

社会评价用逻辑框架分析法分析事物的因果关系，通过分析项目的一系列相关变化过程，明确项目的目标及其相关联的先决条件，来改善项目的设计方案。

（3）利益群体分析法

利益群体是指与项目有直接或间接的利害关系，并对项目的成功与否有直接或间接影响的有关各方，如项目的收益人、受害人与项目有关的政府组织和非政府组织等。利益群体分析法首先要确定项目利益群体一览表，然后评估利益群体对项目成功所起的重要作用并根据项目目标对其重要性做出评价，最后提出在实施过程中对各利益群体应采取的步骤。

2. 其他一些主要方法

（1）农村参与式评估

1）农村参与式评估的活动

农村参与式评估（PRA）是调查当地人的期望、态度和偏好的一种重要方法，是在项目设计和实施阶段对当地社会情况和利益相关者的态度进行调查，识别所存在的社会问题，促进当地社会成员参与的一种重要手段，而且也是沟通项目规划者、实施者和利益相关者的重要桥梁和纽带。这种方法虽然被称为农村参与式评估，但该方法所强调的理念和过程在城市项目中也得到广泛应用，并且可以在项目周期各个阶段得到应用，而不仅限于项目评价。

农村参与式评估方法重点强调以下活动：a. 通过个人和家庭会面、召开小组讨论会或召开社区会议等方式，就与项目相关的问题展开讨论；b. 使用各种绘图工具，包括绘制个人、社区和机构图等方式，辅助各种讨论，以便让文化层次较低的农村群众参与到项目中去；c. 对问题、喜好和财富进行排序；d. 趋势分析，一般采用历史图表、季节历法、日常活动表等工具分析有关社会经济特征及其变动趋势。

2）半正式访谈

进行 PRA 的基本方法就是开展半正式访谈。这种访谈可以在一般个人、主要知情者和群体之间展开。访谈的提纲或形式应根据所调查问题的不同而有所不同。通过这种方式可以发现他们对一般的或敏感性问题的独特见解，还有可能收集一些一般公众访谈得不到的信息。这种访谈要想取得成功，必须要让被访者坚信他所提供的信息将会被认真对待，这取决于他对访谈者的熟悉程度和信任情况。

主要知情者是指在某一话题方面有特殊观点或有专业知识的人群。半正式访谈一般不采用正式调查表的形式，但应准备对访谈者进行提问的问题清单。访谈采用交谈的方式进行，在谈话过程中，访谈人可能会提到他们想讨论的任何话题，但这些提问一般没有事先设定的次序。采用自由式的讨论，主要是想激发被访谈者讲出他们认为和项目相关的任何信息和见解。

在进行半正式访谈时，要遵循以下原则：a. 访谈小组应由 2～4 人组成，每人有不同的专业背景，并安排一人做记录（但要轮流做）；b. 让每一小组成员完成他们的提问（不能中断）；c. 以传统的问候开始访谈，要向访谈者解释你到那儿是为了了解情况；d. 以轻松的方式进行非正式的访谈，把问题集中起来进行讨论，并以提及的某人或某事来打开话题；e. 访谈要坦诚和客观，进入敏感话题时要谨慎；f. 注意非口头暗示；g. 避免引入访谈者自己的主观判断；h. 避免提问只能用"是"或"否"回答的问题；i. 个人访谈应不超过 45 分钟；g. 群体访谈应不超过 2 小时。

3）参与者图表

参与者图表是指用图表的形式表示有关社区的物理特征、社会经济状况以及被访谈者对一些问题的看法；在 PRA 方法中，经常使用的图表如下：a. 个人图表，用于表示社区中不同群体的不同观点（例如已婚女性对未婚女性，富人对穷人）；b. 社会图表，用于表示社区中不同的社会经济特征，以及用于表示不同利益相关者的相对财富、资源水平、在社区组织中的身份等；c. 历史图表，用于表示时代的变迁，环境变化或人口迁移等情况。

4）问题排序

对问题进行排序的方法有多种，其中最简单的就是让参与者识别出他们认为社区中最重要的问题，并按重要程度排列这些问题。经常采用问题卡片的形式对问题进行系统排序。进行这项活动时，参与者每人拿两张卡片；并选出他们认为比较而言问题最为严重的那张卡片，并记下不同参与者的选择结果，最后通过比较被选择次数来进行问题排序。

5）偏好排列

偏好排列的方法类似于问题排序，一般需要绘制一个矩阵图，纵向表示受访者的判断，横向列示各种选项，要求参与者根据自己的评价来确定相应的选项，其目的不是为了决定谁是获胜者，而是为了得到一个比较图表，并从中判断参与者对不同选项的偏好，为群体讨论提供一个基础，也有助于更好的区分群体中的不同观点。

6）财富排列

财富排列用于分析社区内不同群体的财富状况并进行排序，用以调查当地人对财富的观点，分析不同人群在社会经济发展中所处的层次，这种排序可以为抽样调查的分层抽样提供依据，也可用于识别贫困家庭，为制定消除贫困的措施提供依据。

财富排序可以从小组讨论开始，在这个过程中，参与者被要求描述富有家庭和贫困家庭的状况，并定义富有家庭的标准。这将涉及到当地关于富有和贫困标准的讨论。要求参与者给每个家庭打分，通过直接对比不同参与者对财富等级的评分，计算出每一个等级的平均分，对不同家庭进行财富排序。

进行财富分析时应遵循下列程序：a. 和参与者一起列出所有需要排序的家庭；b. 把每个家庭的名字分别写在不同卡片上；c. 要求参与者把卡片分放到几堆里，每一堆代表社区中不同的财富群体，让参与者决定分成多少堆。通常，参与者选择两到三堆分别代表"富有的和贫困的"或者"富有的、中等的和贫困的"，参与者还可以选用更详细的排序方法，以使他们所分等级更准确；d. 对卡片进行分类的同时要读出每一户的名字，以便没有文化的人也可以参与；e. 在活动的最后要求参与者核对一下所分的堆数，并可以按照他们的意愿进行调整；f. 询问参与者对家庭进行分类的依据，询问他们把卡片放到特定堆里的原因，以及把一个家庭从某一堆里转到另一堆里的原因；g. 用财富等级作为抽样的依据，在每个等级中让参与者选出两到三个典型户，作为抽样样本，以便调查组今后对其进行跟踪访问；h. 记录根据财富特征进行排序的结果和住户的姓名，以便以后需要时查询。

（2）受益人评估

受益人评估（BA）强调从受益人的角度观察对有关问题的看法。受益人的信息可以通过抽样调查进行系统地收集。受益人评估主要采用三种方法：面谈、集中讨论、参与者观察。当面交流在前面已有阐述，这里介绍集中讨论和参与者观察。

1）集中讨论

集中讨论是在拥有相同利益的参与者之间举行的讨论，会议由一个经验丰富的组织者主持，由一个当地调查组人员陪同，对一个共同的主题进行调查，7～10人被认为是最佳规模，组织者引导小组成员围绕主题进行讨论，并确保每个成员都有发言机会。

举行小组讨论时应注意以下问题：a. 有供讨论的明确论点，这些论点是依据一些重要问题提出的；b. 尽可能从以前的参与活动中确定参与者，为了消除偏见，参与者应该来自不同利益相关者；c. 应尽可能在方便的时候举行小组讨论，并预先通知；d. 选择一个舒适的会场，安排好饮料和点心；e. 简要解释会议目的；f. 保持讨论集中于议题，鼓励所有人发言；g. 区分哪些问题是所有人都关心的，哪些问题是敏感的，对于敏感性问题最好采用单独交流的方式进行；h. 让所有潜在的发言人尽量发言，以便对各组所关心的不同问题展开进一步的讨论。

2）参与者观察

这一方法要求调查组成员亲自在某一社区中生活一段时间，大约几周至几个月。调查者应像当地人一样参加日常活动，通过对部分案例的研究（通常5～10个）获得相关信息，以便能够详细记录日常生活中发生的社会和经济事件。

参与者观察方法在社会人类学研究领域被普遍使用，它要求调查者通过在项目所在地停留一段时间，以便建立与社区的友好关系，并进而能够洞察人们的动机和态度，寻找机会调查一些敏感话题，对比人们对生活的描述，从而提高研究结果的准确性。

参与者观察法应注意以下几点：a. 确保每个人都知道调查者留在社区的理由；b. 认真选择住所，以免和某一群体靠得太近；c. 除了和主要群体的密切关系，还要培养和不同群体的密切关系；d. 不要被认为和某一群体太密切，但要平易近人；e. 选择5～10户人家定期拜访，以便获得详细的研究案例资料；f. 向被调查者询问有关项目的问题，这些人可能在实地调查时被选为向导；g. 参与所有重要的活动和组织会议，以便被当作社区的参与者而不是外来者；h. 在参与中应保持独立；i. 通过文字、图表、照片和目标样本等系统记录所观察到的所有细节。

3）受益者监测与评估

受益者监测与评估（BM&E）要求从项目的方案设计阶段就开始介入，并贯穿于项目周期全过程，对项目建设和实施中涉及到的利益相关者的情况进行监测和评估。它和一般的监测与评估的一个重要区别就是利益相关者不仅为监测评估提供信息，而且也负责收集和分析信息，因此有助于提高目标群体的维权意识。

受益者监测与评估强调交互式的过程，要求利益相关者自身参与到项目的监测和评估过程，提出哪些问题应该检查。在监测和评估过程中往往需要很多阶层的利益相关者进行合作，包括社区目标群体个人和各类机构（如私人企业等）、实施机构中的政府工作人员，以及相关政府部门的沟通合作，以便对项目的实施效果进行评价。

以上均是针对普遍的项目社会评价的一般性叙述，就近年内实际工程项目来看，建设项目趋向于项目投资巨大、工期超长（跨五年计划或十年计划）、项目对生态与环境影响大、范围广、其他对区域经济或宏观经济有重大影响的项目等特征，针对这些大型建设项目，进行社会评价时应进行区域经济或宏观经济影响分析。

区域经济影响分析是指从区域经济的角度出发，分析项目对所在区域乃至更大范围的经济发展的影响；宏观经济影响分析是指从国民经济整体的角度出发，分析项目对国家宏观经济各方面的影响。

直接影响范围限于局部区域的项目应进行区域经济影响分析，直接经济影响国家经济全局的项目应进行宏观经济影响分析。不论是区域经济影响分析还是宏观经济影响分析，都应该立足于项目的实施能够促进和保障经济有序高效运行和可持续发展，分析重点应是项目与区域发展战略和国家长远规划的关系。分析内容应包括直接贡献和间接贡献、有利影响与不利影响等多方面。

在整个评价的过程，要认真听取项目地方参与者的意见。对这些参与者来说，他们可以说是一个不收取报酬的监督和评价小组，他们不仅亲身经历项目，并且在咨询专家离开后还要与项目的成果长期共存。对评价小组来说，开发这一资源是一件很容易的事。例如世界银行在非洲的一项灌溉项目中，村民向国际评价小组的社会学专家迅速反映了一系列的技术问题，而且，村民说他们在项目实施的初期很快就发现了项目的技术错误。

5.5 经济费用效益分析报表

经济费用效益分析的基本报表为项目投资经济费用效益流量表；其辅助报表为：经济费用效益分析投资费用估算调整表、经济费用效益分析经营费用估算调整表、项目直接效益估算调整表、项目间接费用估算表、项目间接效益估算表。

1. 基本报表——项目投资经济费用效益流量表（表5-3）

项目投资经济费用效益流量表通过计算经济内部收益率、经济净现值等指标，考察项目投资对国民经济的净贡献，衡量项目的盈利能力，并据此判别项目的经济合理性。

项目投资经济费用效益流量表（人民币单位：万元）　　　　表5-3

序　号	项　　目	合　　计	计　算　期					
			1	2	3	4	…	n
1	效益流量							
1.1	项目的直接效益							
1.2	资产残值							
1.3	项目间接效益							
2	费用流量							
2.1	建设投资							
2.2	维持运营投资							
2.3	流动资金							
2.4	经营费用							

序　号	项　　目	合　　计	计　算　期					
			1	2	3	4	…	n
2.5	项目间接费用							
3	净现金流量（1-2）							

计算指标：

　　　经济内部收益率（％）

　　　经济净现值（i_s = ％）

2. 辅助报表1——经济费用效益分析投资费用估算调整表（表5-4）

经济费用效益分析投资费用估算调整表（人民币单位：万元）　　　　表 5-4

序　号	项　　目	财务分析			经济费用效益分析			经济费用效益分析比财务分析增减
		外币	人民币	合计	外币	人民币	合计	
1	建设投资							
1.1	建筑工程费							
1.2	设备购置费							
1.3	安装工程费							
1.4	其他费用							
1.4.1	其中：土地费用							
1.4.2	专利及专有技术费							
1.5	基本预备费							
1.6	涨价预备费							
1.7	建设期利息							
2	流动资金							
3	合计（1＋2）							

3. 辅助报表2——经济费用效益分析经营费用估算调整表（表5-5）

经济费用效益分析经营费用估算调整表（人民币单位：万元）　　　　表 5-5

序　号	项　　目	单　位	投入量	财　务　评　价		经济费用效益分析	
				单价（元）	成本	单价（元）	成本
1	外购原材料						
1.1	原材料 A						
1.2	原材料 B						
1.3	原材料 C						
1.4	……						
2	外购原材料						
2.1	煤						
2.2	水						
2.3	电						
2.4	油						
2.5	……						
3	工资及福利费						

序 号	项 目	单 位	投入量	财 务 评 价		经济费用效益分析	
				单价（元）	成本	单价（元）	成本
4	维修费						
5	其他费用						
6	合计						

4. 辅助报表3——项目直接效益估算调整表（表5-6）

经济费用效益分析经营费用估算调整表（人民币单位：万元） 表5-6

产出物名称			投产第一期负债（%）				投产第二期负债（%）				…	正常生产年（%）			
		计算单位	A产品	B产品	…	小计	A产品	B产品	…	小计	…	A产品	B产品	…	小计
		国内									…				
		国际									…				
		合计													
财务分析	国内市场	单价（元）													
		现金收入													
	国际市场	单价（美元）													
		现金收入													
经济费用效益分析	国内市场	单价（元）													
		直接效益													
	国际市场	单价（美元）													
		直接效益													
合计（万元）															

5. 辅助报表4——项目间接费用估算表（表5-7）

项目间接费用估算表（人民币单位：万元） 表5-7

序 号	项 目	合 计	计 算 期					
			1	2	3	4	…	n
1	间接费用							
…	…							

6. 辅助报表5——项目间接效益估算表（表5-8）

项目间接效益估算表（人民币单位：万元） 表5-8

序 号	项 目	合 计	计 算 期					
			1	2	3	4	…	n
1	间接效益							
…	…							

思 考 题

1. 简述经济费用效用分析的目的和步骤。

2. 简述经济费用效用评价与财务评价的异同。

3. 经济费用效益分析的参数有哪些？什么是影子价格？什么是影子汇率？

4. 已知某项目产出物在距项目所在地最近的口岸的离岸价格为 50 美元/t，影子汇率为 7.5 元人民币/美元，项目所在地距口岸 500km，国内运费为 0.1 元/(t·km)，贸易费用率按离岸价格的 6% 计算，试求该项目产出物出厂价的影子价格？

5. 某进口产品的国内现行市场价格为 8000 元/t，其价格换算系数为 2.2，国内运费和贸易费用为 150元/t，影子汇率为 7.5 元人民币/美元，试求该进口产品的到岸价格？

6. 某厂产品为出口产品，离岸价格为 500 美元/t，工厂距最近的口岸 500km，运费为 0.8 元/(t·km)，影子汇率为 7.5 元人民币/美元，贸易费用为货价的 6%，试求出口产品的影子价格？

7. A 厂某产品原可出口，原口岸离岸价格为 500 美元/t。现供 B 厂项目使用，A 厂距港口 200km，A厂距 B 厂 500km。运费 0.5 元/(t·km)，影子汇率为 7.5 元人民币/美元，贸易费用为货价的 6%。试求 B厂项目耗用该产品的影子价格？

8. A 厂原用进口钢材，在新建钢 B 厂后，改用 B 钢厂生产钢材。进口钢材到岸价格为 500 美元/吨，A 厂离口岸 300km，B 厂离 A 厂 200km，钢材运费为 0.10 元/(t·km)，影子汇率为 7.5 元人民币/美元，贸易费用率为 6%。试求 B 钢厂生产钢材的影子价格？

第6章 工程项目的风险分析

6.1 风 险 概 述

6.1.1 风险的定义

风险是指未来发生不利事件的概率或可能性。风险主要包括两个方面的因素：风险发生的可能性，即风险发生的概率；风险发生的影响。风险分析就是要考察一个工程项目可能的风险因素、对风险进行衡量或评估、制定防范风险的措施。

与其他工程项目一样，土木工程项目也存在各种各样的风险，它们的存在将会影响建设目标的实现，为了做到对建设目标的主动控制，需要对影响建设目标实现的各种风险进行识别、评估，并采取有效的方法进行风险管理。进行风险分析是工程项目可行性研究的重要工作之一。特别是对投资大，技术复杂的大型工程项目，就更应考虑风险问题。

6.1.2 风险的识别

风险识别是风险分析的基础，运用系统论的方法对项目进行全面考察综合分析，找出潜在的各种风险因素，并对各种风险进行比较、分类，确定各因素间的相关性与独立性，判断其发生的可能性及对项目的影响程度，按其重要性进行排队或赋予权重。

1. 风险识别方法

风险识别应根据项目的特点选用适当的方法。常用的方法有问卷调查、专家调查法和情景分析等。具体操作中，一般通过问卷调查及专家调查法完成，建立项目风险因素调查表。

2. 风险识别应注意的问题

1）建设项目的不同阶段存在的主要风险有所不同；

2）风险因素依项目不同具有特殊性；

3）对于项目的有关各方（不同的风险管理主体）可能会有不同的风险；

4）风险的构成具有明显的递阶层次，风险识别应层层剖析，尽可能深入到最基本的风险单元，以明确风险的根本来源；

5）正确判断风险因素间的相关性与独立性；

6）识别风险应注意借鉴历史经验，要求分析者富有经验、创建性和系统观念。

6.1.3 风险估计

风险估计又称风险测定、测试、衡量和估算等。风险估计是在风险识别之后，通过定量分析的方法测量风险发生的可能性及对项目的影响程度。

1. 风险估计与概率

风险估计是估算风险事件发生的概率及其后果的严重程度。因此，风险与概率密切相关。概率是度量某一事件发生的可能性大小的量，它是随机事件的函数。必然发生的事件，其概率为1；不可能事件，其概率为0；一般的随机事件，其概率在0与1之间。风险估计分为主观概率（估计）和客观概率（估计）两种。

1) 主观概率（估计）是指人们对某一风险因素发生可能性的主观判断，用介于0到1的数据来描述。这种主观估计基于人们所掌握的大量信息或长期经验的积累，而不是随意"拍脑袋"。

2) 客观概率（估计）是根据大量的试验数据，用统计的方法计算某一风险因素发生的可能性，它是不以人的主观意志为转移的客观存在的概率，客观概率计算需要足够多的试验数据作支持。

3) 在项目评价中，要对项目的投入与产出进行从机会研究到投产运营全过程的预测。由于不可能获得足够时间与资金对某一事件发生的可能性作大量的试验，又因事件是将来发生的，也不可能做出准确的分析，很难计算出该事件发生的客观概率，但决策又需要对事件发生的概率做出估计，因此项目前期的风险估计最常用的方法是由专家或决策者对事件出现的可能性做出主观估计。

2. 风险估计与概率分布

1) 风险估计的一个重要方面是确定风险事件的概率分布。概率分布用来描述损失原因所致各种损失发生可能性的分布情况，是显示各种风险事件发生概率的函数。概率分布函数给出的分布形式、期望值、方差、标准差等信息，可直接或间接用来判断项目的风险。

2) 常用的概率分布类型有离散概率分布和连续概率分布。当输入变量可能值为有限个数，这种随机变量称为离散随机变量，其概率称离散概率，它适用于变量取值个数不多的输入变量；当输入变量的取值充满一个区间，无法按一定次序一一列举出来时，这种随机变量称连续随机变量，其概率称连续概率。常用的概率分布有正态分布、对数正态分布、泊松分布、三角分布和二项分布等。

3) 在风险估计中，确定概率分布时，需要注意充分利用已获得的各种信息进行估测和计算，在获得的信息不够充分的条件下则需要根据主观判断和近似的方法确定概率分布，具体采用何种分布应根据项目风险特点而定。确定风险事件的概率分布常用的方法有概率树、蒙特卡罗模拟及CIM模型等分析法。

6.1.4 风险评价

风险评价是对项目经济风险进行综合分析，是依据风险对项目经济目标的影响程度进行项目风险分级排序的过程。它是在项目风险识别和估计的基础上，通过建立项目风险的系统评价模型，列出各种风险因素发生的概率及概率分布，确定可能导致的损失大小，从而找到该项目的关键风险，确定项目的整体风险水平，为如何处置这些风险提供科学依据。风险评价的判别标准可采用两种类型：

1. 以经济指标的累计概率、标准差为判别标准

1) 财务（经济）内部收益率大于等于基准收益率的累计概率值越大，风险越小；标准差越小，风险越小。

2) 财务（经济）净现值大于等于零的累计概率值越大，风险越小；标准差越小，风险越小。

2. 以综合风险等级为判别标准

风险等级的划分既要考虑风险因素出现的可能性又要考虑对风险出现后对项目的影响程度，有多种表述方法，一般选择矩阵列表法划分风险等级。矩阵列表法简单直观，将风险因素出现的可能性及对项目的影响程度构造一个矩阵，表中每一单元对应一种风险的可能性及其影响程度。为适应现实生活中人们往往以单一指标描述事物的习惯，将风险的可能性与影响程度综合起来，用某种级别表示，见表6-1。该表是以风险应对的方式来表示风险的综合等级，所示风险等级亦可采用数学推导和专家判断相结合确定。

综合风险等级分类表 表6-1

综 合 风 险 分 析		风 险 影 响 程 度			
		严重	较大	适度	低
风险可能性	高	K	M	R	R
	较高	M	M	R	R
	适度	T	T	R	I
	低	T	T	R	I

综合风险等级分为 K、M、T、R、I 五个等级：

K（Kill）表示项目风险很强，出现这类风险就要放弃项目；

M（Modify-plan）表示项目风险强，需要修正拟议中的方案，通过改变设计或采取补偿措施等；

T（Trigger）表示风险较强，设定某些指标的临界值，指标一旦达到临界值，就要变更设计或对负面影响采取补偿措施；

R（Review and reconsider）表示风险适度（较小），适当采取措施后不影响项目；

I（Ignore）表示风险弱，可忽略。

落在该表左上角的风险会产生严重后果；落在该表左下角的风险，发生的可能性相对低，必须注意临界指标的变化，提前防范与管理；落在该表右上角的风险影响虽然相对适度，但是发生的可能性相对高，也会对项目产生影响，应注意防范；落在该表右下角的风险，损失不大，发生的概率小，可以忽略不计。

以上推荐的风险等级的划分标准并不是唯一的，其他可供选择的划分标准有很多，如常用的风险等级划分为1-9级。

6.1.5 风险应对

风险分析的目的是要研究如何降低工程项目的风险程度，怎样避免风险，减少风险损失。所以，在进行了风险识别和评估了风险以后，应根据不同的风险因素，需要采取相应的应对措施，尽可能降低风险的不利影响，实现预期投资效益。

1. 风险应对的原则

1）贯穿于项目可行性研究的全过程。可行性研究是一项复杂的系统工程，而经济风险来源于技术、市场、工程等各个方面，因此，应在项目实施的全过程采取规避防范风险的措施，才能防患于未然。

2）针对性。风险对策研究应有很强的针对性，应结合行业特点，针对特定项目主要的或关键的风险因素提出必要的措施，将其影响降低到最小程度。

3）可行性。可行性研究阶段所进行的风险应对研究应立足于客观现实的基础之上，提出的风险应对应在财务、技术等方面是切实可行的。

4）经济性。规避防范风险是要付出代价的，如果提出的风险应对所花费的费用远大于可能造成的风险损失，该对策将毫无意义。在风险应对研究中应将规避防范风险措施所付出的代价与该风险可能造成的损失进行权衡，旨在寻求以最少的费用获取最大的风险效益。

2. 决策阶段的风险应对

1）提出多个备选方案，通过多方案的技术、经济比较，选择最优方案；

2）对有关重大工程技术难题潜在风险因素提出必要研究与试验课题，准确地把握有关问题，消除模糊认识；

3）对影响投资、质量、工期和效益等有关数据，如价格、汇率和利率等风险因素，在编制投资估算、制定建设计划和分析经济效益时，应留有充分的余地，谨慎决策，并在项目执行过程中实施有效监控。

3. 建设或运营期的风险可建议采取回避、转移、分担和自担措施

1）风险回避是彻底规避风险的一种做法，即断绝风险的来源。风险回避一般适用于以下两种情况：某种风险可能造成相当大的损失；风险应对防范风险代价昂贵，得不偿失。

2）风险分担是针对风险较大，投资人无法独立承担，或是为了控制项目的风险源，而采取与其他企业合资或合作等方式，共同承担风险、共享收益的方法。

3）风险转移是将项目业主可能面临的风险转移给他人承担，以避免风险损失的一种方法。转移风险有两种方式，一是将风险源转移出去，如将已做完前期工作的项目转给他人投资，或将其中风险大的部分转给他人承包建设或经营；二是只把部分或全部风险损失转移出去，包括保险转移方式和非保险转移方式两种。

4）风险自担就是将风险损失留给项目业主自己独立承担项目的风险。投资者已知有风险但由于可能获利而需要冒险时，同时又不愿意将获利的机会分给别人，必须保留和承担这种风险。

上述风险应对不是互斥的，实践中常常组合使用。可行性研究中应结合项目的实际情况，研究并选用相应的风险对策。

6.2 项目风险的分析方法

用于风险分析的方法很多，像盈亏平衡分析法，敏感性分析法，概率分析法，专家调查法，层次分析法，CIM 方法和蒙特卡罗模拟法等。在具体应用中，应根据项目的类型、特点，决策者的要求，相应的人力、财力，以及项目对国民经济的影响程度等条件综合选择。

6.2.1 盈亏平衡分析法

盈亏平衡分析是指项目达到设计生产能力的条件下，通过盈亏平衡点（Break-Even-Point，BEP）分析项目成本与收益的平衡关系。盈亏平衡分析可以判断投资方案抗风险能力的大小。这种方法常用于进行生产性建设项目的抗风险能力分析。产量的盈亏平衡分析是假定在一定时期内，固定成本、单位产品的销售，价格和变动成本都保持一个确定的量

值条件下所进行的分析。

盈亏平衡点是项目盈利与亏损的转折点，即在这一点上，销售（营业、服务）收入等于总成本费用，正好盈亏平衡，用以考察项目对产出品变化的适应能力和抗风险能力。

盈亏平衡分析按分析方法可以分为图解法和代数法。

按分析要素之间的函数关系可分为线性盈亏平衡分析和非线性盈亏平衡分析；

按是否考虑资金的时间价值，可以分为静态盈亏平衡分析和动态盈亏平衡分析。

1. 线形盈亏平衡分析

（1）线性盈亏平衡分析的假定条件

①产量等于销售量，即当年生产的产品当年销售出去；

②产量变化，单位可变成本不变，从而总成本费用是产量的线性函数；

③产量变化，产品售价不变，从而销售收入是销售量的线性函数；

④按单一产品计算，当生产多种产品，应换算为单一产品，不同产品的生产负荷率的变化应保持一致。

（2）线形盈亏平衡分析的基本公式

假设生产性建设项目投产后正常年份中，生产并销售的产品数量为 Q，单位产品的销售价格为 P，单位产品的变动成本为 V，年固定成本为 F，则年总销售收益 R、年总成本 C 和年销售利润 E 分别为：

$$R = P \cdot Q \tag{6-1}$$

$$C = F + V \cdot Q \tag{6-2}$$

$$E = P \cdot Q - (F + V \cdot Q) \tag{6-3}$$

若使年销售利润恰好等于零，即使该项目既不盈利，也不亏本时的产量称为盈亏平衡点，则有：

$$E = P \cdot Q - (F + V \cdot Q) = 0$$

若用 Q^* 表示盈亏平衡时的生产并销售的产品数量，则根据上式，即可得到：

$$Q^* = F/(P - V) \tag{6-4}$$

同理，可根据上式分别得出单位产品销售价格的盈亏界限 P^*、单位产品变动成本的盈亏界限 V^* 和固定成本的盈亏界限 F^* 分别为：

$$P^* = (F + VQ)/Q \tag{6-5}$$

$$V^* = (PQ - F)/Q \tag{6-6}$$

$$F^* = (P - V)Q \tag{6-7}$$

若用纵轴表示销售收入和成本，横轴表示生产并销售的产品数量，则产量的盈亏平衡关系可以用图 6-1 表示。

在图 6-1 中，成本线和收入线之间的交叉点就是盈亏平衡点，该点所对应的横轴的点表示盈亏平衡时的产销量，所对应的纵轴的点表示盈亏平衡时的收入和成本——即收入等于成本，不亏也不盈。在平衡点以下，销售收入不能抵偿成本支出，两线之间的垂直距离表示亏损额。在盈亏平衡点以上，销售收入大于成本支出，两线之间的垂直距离表示盈利额。

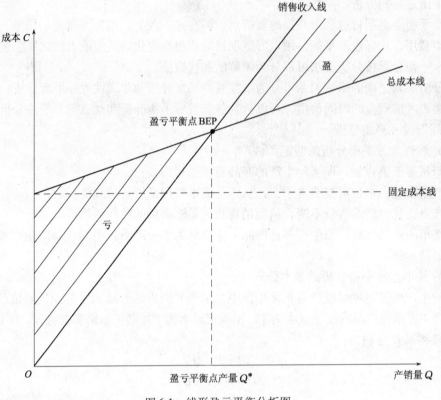

图 6-1　线形盈亏平衡分析图

[**例 6-1**] 某项目设计生产能力为 10 万 t／年，产品单价为 800 元／t，其中固定成本为 1000 万元，单位可变成本为 500 元／t，销售税率为 3%，求项目投产后的盈亏平衡产量。

[**解**]
$$F = 1000 \text{ 万元}, \quad p = 800 \text{ 元}$$
$$r = 3\%, \quad C = 500 \text{ （元/t）}$$

$$Q = \frac{F}{(1-r)p - C} = \frac{1000}{800 - 500 - 800 \times 3\%} = 3.62 \text{ 万 t}$$

计算表明，项目投产后只要有 3.62 万 t 的订货量就可以保本。

2. 非线性的盈亏平衡分析

在市场竞争中，产品价格与产量之间往往并不是简单的线性关系，当产品产量增加时，市场会出现供大于求的情况，市场上产品的单价就要下降，既销售收入与产销量之间是非线性关系；同时，当下游产业增加产量时，上游产业的产品就会变得稀缺，这时会导致下游产业原材料价格的上涨，从而总成本和产销量之间成非线性关系。

[**例 6-2**] 某化工企业新上马项目投产后，年固定成本为 13.2 亿元，单位变动成本为 56 万元／t，当原材料大批量购买时，每生产 1t 产品，单位变动成本可降低 20 元；单位售价为 110 万元／t，销量每增加 1t 产品，售价下降 70 元。试求盈亏平衡点。

[**解**] 单位产品的售价为：$(110 - 0.007Q)$；

　　单位产品的变动成本为：$(56 - 0.002Q)$；

$$C(Q) = 132000 + (56 - 0.002Q)Q = 132000 + 56Q - 0.002Q^2$$

$$R(Q) = (110 - 0.007Q)Q = 110Q - 0.007Q^2$$

由盈亏平衡原理：

$$C(Q) = R(Q)$$

即 $132000 + 56Q - 0.002Q^2 = 110Q - 0.007Q^2$

解得：$Q_1 = 3740$（t），$Q_2 = 7060$（t）。

3. 盈亏平衡分析的局限性

通过盈亏平衡分析得出了盈亏平衡点，使决策的外部条件简单地表现出来，根据盈亏平衡点的高低，可以大致了解项目抗风险的能力。由于这种分析方法简便，所以被广泛地应用于项目的评价分析中，但它也有一定的局限性。

首先必须假定产量等于销售量，这在实际工作中并不都是如此，难以全面反映项目未来的实际情况；

其次，这种分析方法要求产品单一并把所有不同的收入和不同的成本都集中在两条线上表现出来，难以精确地描述实际工作可能出现的各种具体情况，从而影响到这一分析的精确性，而只能粗略地对变量因素进行分析。要获得项目较为精确的评价结果，必须配合其他评价方法进行深入分析。

6.2.2 敏感性分析

1. 敏感性分析的定义

敏感性分析是指影响因素的变化对投资项目经济效果指标的变化对投资项目经济效果的影响程度。

若影响因素的小幅度变化能导致经济效果指标的较大变化，则称投资项目的经济效果指标对参数的敏感性大，或称这类影响因素为敏感性因素；反之，则称之为非敏感性因素。

敏感性分析是通过分析，预测投资方案主要因素发生变化时对经济评价指标的影响，从中找出敏感因素，并确定其影响程度。通常是分析不确定性因素中某一因素单独变化，其他因素保持原有预测数值不变时，对经济评价指标的影响，例如对净现值、内部收益率等指标的影响；亦可分析不确定性因素中某几个因素同时发生变化，其他因素保持原有预测数量不变时，对经济评价指标的影响。后者较为繁杂，一般仅进行前者的分析。投资方案经济评价指标对某种因素的敏感程度可以表示为该因素按一定比例变化时使评价指标变动的幅度，可以表示为评价指标达到临界点，如投资方案的内部收益率等于基准收益率，净现值为零时，允许某个因素变化的最大幅度，即极限变化。

2. 敏感性分析的目的

敏感性分析的目的就是分析当工程项目经济评价指标的主要因素（投资、成本、价格、折现率、建设工期等）发生变化时，这些经济评价指标（如净现值、内部收益率等）的变化趋势和临界值，从中找出敏感因素，并确定其敏感程度，从而对外部条件发生不利变化时投资方案的承受能力作出判断。

3. 敏感性分析的分类

敏感性分析包括单因素敏感性分析和多因素敏感性分析。

单因素敏感性分析是指每次只改变一个因素的数值来进行分析，估算单个因素的变化对项目效益产生的影响。

多因素敏感性分析则是同时改变两个或两个以上因素进行分析，估算多因素同时发生变化的影响。

为找出关键的敏感性因素，通常多进行单因素敏感性分析。

4. 单因素敏感性分析方法

1）根据项目特点，结合经验判断选择对项目效益影响较大且重要的不确定因素进行分析。经验表明，主要对产出物价格、建设投资、主要投入物价格或可变成本、生产负荷、建设工期及汇率等不确定因素进行敏感性分析。

2）敏感性分析一般是选择不确定因素变化的百分率为 $\pm 5\%$、$\pm 10\%$、$\pm 15\%$、$\pm 20\%$ 等；对于不便用百分数表示的因素，例如建设工期，可采用延长一段时间表示，如延长一年。

3）建设项目经济评价有一整套指标体系，敏感性分析可选定其中一个或几个主要指标进行分析，最基本的分析指标是内部收益率，根据项目的实际情况也可选择净现值或投资回收期评价指标，必要时可同时针对两个或两个以上的指标进行敏感性分析。

4）敏感度系数指项目评价指标变化的百分率与不确定因素变化的百分率之比。敏感度系数高，表示项目效益对该不确定因素敏感程度高。计算公式为：

$$S_{AF} = \frac{\Delta A / A}{\Delta F / F} \qquad (6-8)$$

式中　S_{AF}——评价指标 A 对于不确定因素 F 的敏感系数；

$\Delta F / F$——不确定因素 F 的变化率；

$\Delta A / A$——不确定因素 F 发生 ΔF 变化率时，评价指标 A 的相应变化率。

5）临界点（SwitchValue）是指不确定性因素的变化使项目由可行变为不可行的临界数值，可采用不确定性因素相对基本方案的变化率或其对应的具体数值表示。当该不确定因素为费用科目时，即为其增加的百分率；当其为效益科目时为降低的百分率。临界点也可用该百分率对应的具体数值表示。当不确定因素的变化超过了临界点所表示的不确定因素的极限变化时，项目将由可行变为不可行。

临界点的高低与计算临界点的指标的初始值有关。若选取基准收益率为计算临界点的指标，对于同一个项目，随着设定基准收益率的提高，临界点就会变低（即临界点表示的不确定因素的极限变化变小）；而在一定的基准收益率下，临界点越低，说明该因素对项目评价指标影响越大，项目对该因素就越敏感。

6）敏感性分析结果在项目决策分析中的应用。将敏感性分析的结果进行汇总，编制敏感性分析表，见表6-2；编制敏感度系数与临界点分析表，见表6-3；并对分析结果进行文字说明，将不确定因素变化后计算的经济评价指标与基本方案评价指标进行对比分析，结合敏感度系数及临界点的计算结果，按不确定性因素的敏感程度进行排序，找出最敏感的因素，分析敏感因素可能造成的风险，并提出应对措施。当不确定因素的敏感度很高时，应进一步通过风险分析，判断其发生的可能性及对项目的影响程度。

敏感性分析表　　　　　　　　　　　　　　　　　表 6-2

变化率 变化因素	-30%	-20%	0	10%	20%	30%
基准折现率						
建设投资						

变化率 变化因素	−30%	−20%	0	10%	20%	30%
原材料成本						
汇率						
……						

敏感度系数和临界点分析表 表 6-3

序　号	不确定因素	变化率	内部收益率	敏感度系数	临界点	临界值
1	基本方案					
2	产品产量					
3	主要原材料价格					
4	建设投资					
5	汇率					
…	…					

[**例 6-3**] 某投资方案预计总投资 293 万元，年产量为 10 万台，产品价格为 95 元/台，年销售成本为 820 万元，方案经济寿命期 10 年，基准折现率为 12%。试就投资额、销售收入、销售成本及方案寿命期进行敏感性分析。

[**解**] 以净现值作为经济评价指标，基准方案的净现值为

$$NPV = -293 + (950 - 820)(P/A, 12\%, 10) = 441.5（万元）$$

下面用净现值指标分别就投资额、销售收入、销售成本和寿命期等不确定因素作敏感性分析。

投资额变动的百分比为 x，分析投资额变动对方案净现值影响的计算公式为：

$$NPV = -293(1 + x) + (10 \times 95 - 820)(P/A, 12\%, 10)$$

设销售收入变动的百分比为 y，分析销售收入对方案净现值影响的计算公式为：

$$NPV = -293 + [10 \times 95(1 + y) - 820](P/A, 12\%, 10)$$

设销售成本变动的百分比为 z，分析销售收入对方案净现值影响的计算公式为：

$$NPV = -293 + [10 \times 95 - 820(1 + z)](P/A, 12\%, 10)$$

设寿命期变动的百分比为 α，分析寿命期变动对方案净现值影响的计算公式为：

$$NPV = -293 + (10 \times 95 - 820)[P/A, 12\%, 10(1 + \alpha)]$$

对投资额、销售收入、销售成本及方案寿命期逐一按在基准基础上变化 ±5%、±10%、±20% 变化取值，所对应的方案净现值变化结果如表 6-4 所示。

因素变化对净现值的影响表 表 6-4

变化率	−20%	−10%	−5%	0	5%	10%	20%
投资	500.0	470.8	456.2	441.5	426.8	412.2	382.9
销售收入	−632.0	−95.2	173.1	441.5	709.9	978.3	1515
销售成本	136.8	904.8	673.2	441.5	209.9	−21.8	−485.1
寿命	352.8	400.0	420.6	441.5	460.2	478.9	512.3

不确定性因素	变化率（%）	基本方案	敏感度系数	临界点	临 界 值
净现值（万元）		441.5（万元）			
投资	±5，±10，±20	293（万元）	−0.664	+150.69%	734.5（万元）
销售收入	±5，±10，±20	950（万元）	12.16	−8.23%	871.8（万元）
销售成本	±5，±10，±20	820（万元）	−10.49	+9.53%	898.1（万元）
寿命	±5，±10，±20	10（年）	1（−20%，最大）	−72.07%	2.79（年）

敏感性分析表　　　　　　　　　　　表 6-5

可以看出，以同样的变动率下，销售收入及销售成本的变动对方案的净现值影响最大。

5. 多因素敏感性分析

三个或者更多因素的最佳估计值变化对工程项目经济评价指标的组合影响可以通过选择变化的组合进行分析。在分析中常采用三项预测值分析法，即以各因素出现的三种特殊状态（最不利状态、最可能状态、最有利状态）为依据来计算项目的经济效果评价指标。

[例 6-4] 某电器生产厂家，拟生产一种超声检测仪器。资本投资、有效寿命、残值、销售收入、销售成本见表 6-6，$i = 8\%$，在这些数据的基础上，分析这些因素的不确定性对于年度等值的综合影响。

超声仪器的乐观估计、最可能估计和悲观估计以及年度等值　　　表 6-6

因　素 \ 因素变化	估　计　状　态		
	乐观（O）	最可能（M）	悲观（P）
资本投资（美元）	150000	150000	150000
使用寿命（年）	18	10	8
市场残值	0	0	0
销售收入（美元）	110000	70000	50000
销售成本（美元）	20000	43000	57000
年度等值（美元）	+73995	+4650	−33100

[解] 为了分析销售收入、使用寿命、销售成本的乐观、最可能和悲观估计值的各种组合，计算其发生变化后项目的净现值，将结果列于表 6-7。

超声仪器销售收入、销售成本和使用寿命的各种估计组合表（千美元）　　　表 6-7

销售收入	销　售　成　本								
	乐　观			最　可　能			悲　观		
	使用寿命			使用寿命			使用寿命		
	乐观	最可能	悲观	乐观	最可能	悲观	乐观	最可能	悲观
乐观	74	68	64	51	45	41	37	31	27
最可能	34	28	24	11	5	1	−3	−9	−13
悲观	14	8	4	−9	−15	−19	−23	−29	−33

由表 6-7 可以看出，净现值为负者为 9 个，净现值超过 50000 美元的有 4 个。

通过多因素三状态的敏感性分析，项目经济效果评价指标的不确定程度得到进一步的反应，可为决策提供一定的科学依据。很明显，即使只有几个因素，在敏感性分析中使用乐观—最可能—悲观估计技术会产生很多可能组合，调查所有这些数据的任务将极其费时。进行敏感性分析的目标之一就是去除那些对于评价指标不是很敏感的因素的仔细考察，着重研究那些较为敏感的因素。那么，分析需要考虑的组合的数量可能就保持在一个可以控制的范围。

6.2.3 概率分析

1. 概率分析的定义

概率分析是通过研究各种不确定因素发生变动的概率分布及其对方案经济效果的影响，对方案的净现金流及经济效果评价指标做出某种概率描述，从而对方案的风险情况做出比较准确的判断。

敏感性分析研究各种不确定性因素的变化对经济效果评价指标的影响，但不能说明这种影响的可能性有多大，实际上，不确定性因素在未来发生某一幅度变动的概率并不相同，有时通过敏感性分析找出的某一强敏感性因素，可能其未来发生的概率较小，所以对项目的影响不大；而另一不太敏感的因素未来发生变动的概率可能非常大，给项目带来的风险远远大于前一因素。因此，为了正确地判断项目的风险，必须进行概率分析。

2. 概率分析的方法及进行概率分析的常用步骤

1）选定一个或几个评价指标，通常是将财务内部收益率、财务净现值等作为评价指标。选定需要概率分析的风险因素，通常有产品价格、销售量、主要原材料价格、投资额及外汇汇率等。针对项目的不同情况，通过敏感性分析，选择最为敏感的因素进行概率分析。

2）预测风险因素变化的取值范围及概率分布，且各个不确定因素可能发生变化的概率之和等于1。

3）分别求出各个不确定因素发生变化时，各状态发生的概率和相应状态下的净现值，然后求出净现值的期望值。

4）求出净现值大于或等于零的累积概率。

5）计算评价指标的期望值和项目可接受的概率。

6）分析计算结果，判断其可接受性，研究减轻和控制风险因素的措施。

[例6-5] 已知某投资方案各种因素可能出现的数值及其对应概率如表6-8所示。假设投资发生在期初，年净现值流量均发生在各年的年末。已知基准折现率为10%，试求其净现值的期望值。

投资方案变量因素值及其概率 表6-8

投 资 额		年 净 收 益		寿 命 期	
数值（万元）	概率	数值（万元）	概率	数值（年）	概率
120	30%	20	25%	10	100%
150	50%	28	40%		
175	20%	33	35%		

[**解**] 根据各因素的取值范围，共有 9 种不同的组合状态，求出各种状态的净现值及其对应的概率如表6-9所示。

根据净现值的期望值计算公式，可求出：

$E(NPV) = 2.89 \times 0.075 + 52.05 \times 0.12 + 82.77 \times 0.105 - 27.11 \times 0.125 + 22.05 \times 0.2 + 52.77 \times 0.175 - 52.11 \times 0.05 - 2.95 \times 0.08 + 27.77 \times 0.07 = 24.51（万元）$

方案所有组合状态的概率及净现值   表 6-9

投资额（万元）	120			150			175		
年净收益（万元）	20	28	33	20	28	33	20	28	33
组合概率	0.075	0.12	0.105	0.125	0.2	0.175	0.05	0.08	0.07
净现值（万元）	2.89	52.05	82.77	−27.11	22.05	52.77	−52.11	−2.95	27.77

$$D(NPV) = \sum [NPV_i - E(NPV)]^2 P_i = [2.89 - 24.51]^2 \times 0.075 +$$
$$[52.05 - 24.51]^2 \times 0.12 + [82.77 - 24.51]^2 \times 0.105 +$$
$$[-27.11 - 24.51]^2 \times 0.125 + [22.05 - 24.51]^2 \times$$
$$0.2 + [52.77 - 24.51]^2 \times 0.175 + [-52.22 -$$
$$24.51]^2 \times 0.05 + [2.95 - 24.51]^2 \times 0.08 +$$
$$[27.77 - 24.51]^2 \times 0.07$$
$$= 1311.18$$
$$\sigma(NPV) = \sqrt{D(NPV)} = 36.21（万元）$$

离散系数 $C_V = \dfrac{\sigma}{E(NPV)} = \dfrac{36.21}{24.51} = 1.4774$

净现值大于等于零的累积概率为：

$P(NPV \geqslant 0) = 0.075 + 0.12 + 0.105 + 0.2 + 0.175 + 0.07 = 0.745 = 74.5\%$

该项目的净现值的期望为24.51万元，净现值大于或等于零的累积概率为74.5%，但标准差为36.21万元，离散系数为1.4774，说明项目有较大风险。

6.2.4 专家调查法

对风险的识别和评价可采用专家调查法。专家调查法简单、易操作，它凭借分析者（包括可行性研究人员和决策者等）的经验对项目各类风险因素及其风险程度做出定性估计。专家调查法可以通过发函、开会或其他形式向专家进行调查，对项目风险因素、风险发生的可能性及风险对项目的影响程度评定，将多位专家的经验集中起来形成分析结论。由于它比一般的经验识别法更具客观性，因此应用较为广泛。

采用专家调查法时，专家应熟悉该行业和所评估的风险因素，并能做到客观公正。为减少主观性，聘用的专家应有一定数量，一般应在 10~20 位左右。具体操作上，将项目可能出现的各类风险因素、风险发生的可能性及风险对项目的影响程度采取表格形式一一列出（表6-10），请每位专家凭借经验独立对各类风险因素的可能性和影响程度进行选择，最后将各位专家的意见归集起来，填写专家调查表。专家调查法是获得主观概率的基本方法。

序 号	风险因素名称	出现的可能性				出现后对项目影响程度			
		高	强	适度	低	高	强	适度	低
1	市场方面								
1.1	市场需求量								
1.2	竞争能力								
1.3	价格								
	……								
2	技术方面								
2.1	可靠性								
2.2	适用性								
3	资源方面								
3.1	资源储量								
3.2	开采成本								
	……								
4	工程地质方面								
	……								
5	投融资方面								
5.1	汇率								
5.2	利率								
6	投资期								
6.1	工期								
	……								
7	配套条件								
7.1	水电气供应								
7.2	交通运输条件								
7.3	其他配套工程								
	……								

专家姓名 专业
职称 所在单位

6.2.5 层次分析法

层次分析法（The Analytic Hierarchy Process ）是美国著名运筹学家，匹兹堡大学教授 T. L. Saaty 于 20 世纪 70 年代中期提出的一种定性与定量相结合的决策分析方法，简称 AHP 方法。层次分析法是一种多准则决策分析方法。在风险分析中它有两种用途：一是将风险因素逐层分解识别直至最基本的风险因素，也称正向分解的重要程度；二是两两比较同一层次风险因素的重要程度，列出该层风险因素的判断矩阵（判断矩阵可由专家调查法得出），判断矩阵的特征根就是该层次各个风险因素的权重（具体计算方法可参见介绍层次分析法的书籍），利用权重与同层次风险因素概率分布的组合，求得上一层风险的概率分布，直至求出总目标的概率分布，也称反向合成。运用层次分析法解决实际问题一般包括五个步骤：

（1）建立所研究问题的递阶层次结构；

（2）构造两两比较判断矩阵；

（3）由判断矩阵计算被比较元素的相对权重；

（4）计算各层元素的组合权重；

（5）将各子项的权重与子项的风险概率分布加权叠加风险概率分布。

6.2.6　CIM 模型分析法

CIM 模型（CIM，Controlled Interval and Memory Model）是控制区间和记忆模型，也称概率分布的叠加模型，或"记忆模型"。它是 C. 钱伯曼（C. Chapman）和 D. 库泊（D. Cooper）在 1983 年提出的。模型包括串联响应模型和并联响应模型，它们分别以随机变量的概率分布形式进行串联、并联叠加的有效方法。

CIM 模型分析法的主要特点是：用离散的直方图表示随机变量概率分布，用和替代概率函数的积分，并按串联或并联响应模型进行概率叠加。在概率叠加的时候 CIM 方法可将直方图的变量区间进行调整，即所谓的区间控制，一般是缩小变量区间，使直方图与概率解析分布的误差显著减小，提高了计算的精度。CIM 模型同时也可用"记忆"的方式考虑前后变量的相互影响，把前面概率分布叠加的结果记忆下来，应用"控制区间"的方法将其与后面变量的概率分布叠加，直至最后一个变量为止。应用 CIM 方法解决风险问题时，可参照层次分析法的应用步骤进行。

6.2.7　蒙特卡罗模拟法

1. 原理

蒙特卡罗模拟法（Monte Carlo Simulation），亦称模拟抽样法或统计试验法，是一种通过对随机变量进行统计实验和随机模拟，求解数学、物理以及工程技术等问题的近似的数学求解方法。蒙特卡罗模拟法是概率分析中一种实用方法。

在实际工作中，用解析法对工程项目进行风险分析有时会遇到困难。例如，有时往往没有足够的根据来对项目盈利能力指标的概率分布类型做出明确的判断，或者这种分布无法用典型的概率分布来描述。在这种情况下，如果能知道影响项目盈利能力指标的不确定因素的概率分布，就可以采用模拟的方法来对工程项目进行风险分析。

2. 具体步骤

1）确定要分析的不确定因素（随机变量）及其概率分布，并将其发生的概率转变为累计概率分布。一般比较实用的方法，是用一个适当的理论分布（如均匀分布、正态分布等）来描述随机变量的经验概率分布。如果没有可直接引用的典型理论分布，则可根据历史统计资料或主观预测判断来估计研究对象的一个初始概率分布。

2）随机抽样，产生随机变量值，即模拟风险因素的随机变化，求出风险因素的可能值。先按任意一组随机数为样本空间，依次取其中的随机数，并由累计概率分布求得对应的风险因素的可能值。随机数既可以用一位数字来表示，也可以用两位数字来表示。它们可以通过计算机按一定的随机数发生程序计算产生，也可利用现有的随机数表获取。

3）求出项目盈利能力指标。将每组风险因素的可能值，连同其他有关参数，计算出项目盈利能力指标。该指标可以是净现值、内部收益率等。将每组风险因素值逐一计算，即可得到一系列足够多的盈利能力指标值，然后根据有限模拟次数的平均值，就可以分析和判断项目盈利能力指标的期望值。这里应该指出的是，模拟的次数越多，模拟结果的可靠性越高，项目净现值的平均值越接近其实际值。同理，模拟的次数越多，项目净现值大于或等于零出现次数的相对概率与实际概率越接近。

模拟法一般都需要借助于计算机来完成，在模拟过程中所选取的样本数据可以成百上千，可望得到满意的模拟结果。但应注意，模拟次数的多少与原始数据的可靠性有关，而不是片面强调模拟次数越多越好。

3. 蒙特卡罗法试验次数的决定法则

用蒙特卡罗法分析决策问题时，模拟的次数越高，就越能得到更客观、更精确的结果；但是花费的成本也就越大。实验表明，当模拟进行一定的次数以后，得到的结果渐渐地趋于稳定，此时显现的误差已经很小了，这时如果继续增加模拟次数，虽然可以减少误差，但是减少量有限，对项目结果影响甚微，相反成本却大大提高，相比之下，得不偿失。

4. 蒙特卡罗模拟法应用实例

某渔业公司因业务需要，准备建造一个渔码头。基准收益率为6%，第一年年末投资 I，从第二年起营运，每年净收益为 A，船舶营运寿命为20年，固定资产余值为 S。根据大量统计调查资料，运用科学预测方法，得随机变量 A，S，I 的分布如表6-11。使用蒙特卡罗模拟法分析建造该码头的净现值分布。

净收益、投资和固定资产的组标和概率　　　　　　　表6-11

	组标	128.5	148	167.5	187	206.5
A	概率	0.17	0.2	0.36	0.15	0.12
	累计概率	0.17	0.37	0.73	0.88	1
	组标	72	78	84	90	96
S	概率	0.17	0.22	0.34	0.17	0.1
	累计概率	0.17	0.39	0.73	0.9	1
	组标	1250	1310	1370	1490	1430
I	概率	0.1	0.13	0.34	0.23	0.2
	累计概率	0.1	0.23	0.57	0.8	1

表中的"组标"是随机变量在可能的范围内等距离分组得到的各组中值。各随机变量的数学期望与标准差是按分组资料用公式计算求得的。"累计概率"的概念是将各组概率依次叠加，也就是"分布函数"。进行蒙特卡罗模拟时，把随机数跟累计概率相比较，落入哪个区间，自变量就取这个区间上限那个组标。

先确定自变量的顺序，假定为 A、S、I。每次试验取三个随机数，依次跟 A、S、I 的累积概率相比较。

随机数的产生，可以调用计算机内生成随机数的程序，也可以用一定的算法在计算机上生成随机数。为了说明问题，以手工计算为例，手算时可查阅随机数表。在随机数表中从 66，06，57 开始连续取60个随机数，各乘0.01后，依次同 A，S，I 比较。第一个数 0.66 在 A 累计概率中落入 0.37~0.73 区间，取 A=167.5；第二个数 0.06 在 S 的累计概率

中落入 $0 \sim 0.17$ 区间，取 $S = 72$；将第三个数 0.57 与 I 相比较落入 $0.23 \sim 0.57$ 区间，取 $I = 1370$，把 A，S，I 这一组数代入净现值的计算公式，得到第一个样本。

净现值计算公式为：

$$NPV = A(P/A,0.06,20)(P/F,0.06,1) + S(P/F,0.06,21) - I(P/F,0.06,1)$$

接着依次再取三个随机数，与 A、S、I 相比较得到第二个样本。依次取随机数，可以得到净现值的一批样本。取了 60 个随机数，共计算了 20 个样本，列于表 6-12：

由 60 组随机数产生的净收益、投资和固定资产的数值   表 6-12

样本号	随机数	A	随机数	S	随机数	I	NPV
1	0.66	167.5	0.06	72	0.57	1370	540.9
2	0.47	167.5	0.17	72	0.34	1370	540.9
3	0.07	128.5	0.67	84	0.68	1430	66.1
4	0.5	167.5	0.36	78	0.69	1430	486.1
5	0.73	167.5	0.61	84	0.7	1430	487.9
6	0.65	167.5	0.81	90	0.33	1370	546.2
7	0.98	206.5	0.85	90	0.31	1370	968.1
8	0.06	128.5	0.01	72	0.08	1250	232.3
9	0.05	128.5	0.45	84	0.57	1370	122.7
10	0.18	148	0.24	78	0.06	1250	450.4
11	0.35	148	0.3	78	0.34	1370	337.2
12	0.26	148	0.14	72	0.86	1490	222.3
13	0.79	187	0.9	90	0.74	1430	706
14	0.39	167.5	0.85	90	0.26	1370	546.2
15	0.97	206.5	0.76	90	0.02	1250	1081.2
16	0.02	128.5	0.05	72	0.16	1310	175.7
17	0.56	167.5	0.92	96	0.68	1430	491.4
18	0.06	167.5	0.57	84	0.48	1370	544.5
19	0.18	148	0.73	84	0.05	1250	452.1
20	0.38	167.5	0.52	84	0.47	1370	544.5

把表中的 20 个子样的 NPV 由小到大等距离地分为 11 个区段，检查 20 个子样值落入各区段的概率（落入各区段的 NPV 值个数除以全部 NPV 值个数 20）。

经分析，$NPV < 0$ 的概率为 0，即没有负净现值的风险；$0 < NPV < 100$ 万元的概率为 5%；$0 < NPV < 200$ 万元的概率为 15%；$NPV > 400$ 万元的概率为 70%；$NPV > 600$ 万元的概率为 15%。

思 考 题

1. 简述风险的定义。
2. 项目风险分析的方法有哪些？简述各种分析方法的优缺点。
3. 简述盈亏平衡分析的概念。线性盈亏平衡分析的前提条件是什么？

4. 敏感性分析的概念和目的是什么？

5. 某大型知名企业新上马一项目，计划年产量 8000t，每吨产品的出厂价格估算为 800 元，企业每年固定性开支为 2000 万元，每吨产品成本为 400 元，试求企业的最大盈利？企业不盈不亏时的最低产量？

6. 某外商与我国政府签订一投资项目，项目初始投资为 3000 万美元，租期 10 年，10 年后，项目归我国政府所有，该项目计划年收入为 1000 万美元，年支出为 500 万美元，行业基准收益率为 30%。

求 (1) 当年收入变化时（假设为 ±10%、±20%），试对内部收益率的影响进行敏感性分析；

(2) 试分析初始投资、年收入与寿命三个参数同时变化时对净现值的敏感性。

7. 某投资项目年收入与折现率为不确定因素，试进行净现值敏感性分析。

项目年收入表　　　　　　　　　　　　　　表 6-13

参　数	乐　观	最 可 能	悲　观
初始投资（万美元）	8000	8000	8000
年收入（万美元）	2000	1500	1000
折现率	30%	20%	10%
寿命（年）	10	10	10

8. 某方案需投资 10 亿元，预期寿命为 10 年，残值为 0，每年净现金流量为随机变量，其可能发生的三种状态的概率及变量值如下：（1）8000 万元（$p = 20\%$）；（2）1.5 亿元（$p = 50\%$）；（3）2.5 亿元（$p = 30\%$）。若利率为 12%，试计算项目净现值的期望值与标准差？

第7章　工程项目的融资

7.1　融资的基础知识

7.1.1　基本概念

融资又称资金筹措，是企业通过一定的渠道和方式筹集生产经营活动所需资金的一种行为，是企业的基本财务活动，也是企业扩大经营规模和调整资金结构必须采取的行动。在工程项目经济分析中，融资是为项目投资而进行的资金筹措行为或资金来源方式。

7.1.2　融资的分类

按照不同的角度，融资一般有以下几种分类方式：

1. 按照融资的期限，可分为短期融资和长期融资

短期融资是偿还期在 1 年以内的融资。主要是企业因季节性或临时性资金需求而进行的资金筹措。短期融资最主要的来源有商业信用、商业银行、商业票据及短期借款。

长期融资是指偿还期在 1 年以上的融资。主要是企业为购建固定资产或无形资产或进行长期投资而进行的资金筹措。长期融资的一般形式有长期借款、发行优先股和普通股、发行长期债券、租赁及利用留存收益等。

2. 按照融资的性质，可分为权益融资和负债融资

权益融资又称股权融资，是指以所有者身份投入非负债性资金的方式进行的融资。权益融资形成企业的"所有者权益"和项目的"资本金"。权益融资在我国项目资金筹措中具有强制性。

权益融资的特点是：

1）权益融资筹措的资金具有永久性特点，无到期日，不需归还。项目资本金是保证项目法人对资本的最低需求，是维持项目法人长期稳定发展的基本前提。

2）权益融资是非负债性融资，项目人不承担这部分资金的任何利息和债务，因此没有固定的按期还本付息压力，股利是否支付和支付多少，视项目投产运营后的实际经营效果而定，因此，项目法人的财务负担较小。

3）权益融资是负债融资的信用基础。权益融资是项目法人最基本的资金来源。它体现着项目法人的实力，是其他融资方式的基础，尤其可为债权人提供保障，增强公司的举债能力。

负债融资是指通过负债方式筹集各种债务资金的融资形式。负债融资是工程项目资金筹措的重要形式。

负债融资的特点是：

①筹集的资金在使用上具有时间限制，必须按期偿还。

②无论融资主体今后经营效果好坏，均需按期还本付息，从而形成企业的财务负担。

③资金成本一般比权益融资低，且不会分散投资者对企业的控制权。

3. 按照融资的来源，可分为内部融资和外部融资

内部融资是指企业在企业内部通过留用利润而形成的资本来源。内部融资是在企业内部"自然地"形成的，因此被称为"自动化的资本来源"或内融性融资。内部融资一般无需花费融资费用，其数量通常由企业可分配利润的规模和利润分配政策所决定。

外部融资是当内部资金不能满足需要时，向企业外部筹资而形成的资本来源。处于初创期的企业，内部融资的可能性是有限的，处于成长期的企业，内部融资往往难以满足需要，于是企业就要广泛开展外部融资。外部融资大多都需要花费融资费用。例如，发行股票、债券需支付发行成本；取得借款时需支付一定的手续费。而内部融资不需要实际对外支付利息或股息，不会减少公司的现金流量。资金来源于公司内部，不发生融资费用，成本远低于外部融资。因此，在国外企业的融资实践中，内部融资是企业首选的融资方式。

4. 按照融资是否通过金融机构，可分为直接融资和间接融资

直接融资和间接融资都属于上面所介绍的外部融资。

直接融资是指企业不经过中介机构，直接与资本所有者协商而获得的融资。在我国，随着金融体制改革的不断深入，直接融资得以不断发展。直接融资的主要形式有投入资本、发行股票、发行债券和商业信用等。

间接融资是指企业经过中介获得的融资。间接融资中最为常见的是银行贷款，即储户的剩余资金通过银行贷给企业，这中间银行扮演了典型的中介金融机构的角色。还有风险资本投资公司从机构或富有的家庭个人募集资金，再以股权的形式投资于企业，从中起到中介的作用。此外，租赁也是一种常见的间接融资方式。

7.1.3 融资的基本要求及基本原则

一般来讲，融资是企业生存和发展的前提条件，是企业的一项基本的财务活动。因此，融资过程必须满足以下基本要求及原则，才能保证融资目标的顺利实现。

1. 融资的基本要求

1）科学地确定融资数量，控制资金投放时间；

2）认真选择融资渠道和融资方式，以降低资金成本；

3）合理投资，提高效益；

4）注意安排资金结构，降低融资风险。

2. 融资的基本原则

1）规模适当原则；

2）筹措及时原则；

3）来源合理原则；

4）结构安全原则；

5）方式经济原则；

6）行为合法原则。

7.2 融资的渠道与方式

7.2.1 融资渠道

融资渠道是指企业资金的来源方向与通道。我国企业目前筹措资金的主要渠道有：

（1）企业自有资金：也称企业内部资金，主要包括提取公积金和未分配利润等；

（2）国家财政资金：国家对企业的直接投资是国有企业最主要的资金来源渠道，主要投资形式有国家财政直接拨款，国家税前还贷或减免各种税款等；

（3）国内外银行等金融机构的信贷资金：在我国，银行对企业的各种贷款是目前企业最为重要的资金来源，也是企业负债资金的主要来源；

（4）国内外非银行金融机构的资金：是指来自信托投资公司、投资基金公司、风险投资公司、保险公司、证券公司、租赁公司、企业集团所属的财务公司等机构的资金；

（5）其他企业资金：企业之间相互投资以及企业之间的商业信用的存在，使得其他企业资金也成为企业资金的重要来源；

（6）居民个人资金：企业职工和居民的结余货币，是游离于银行和非银行金融机构的社会闲散资金，可用于企业投资，为企业所用。

7.2.2 融资方式

融资方式是指企业筹措资金的具体形式。目前，国内企业的融资方式主要有以下几种：

1. 长期借款

（1）银行贷款

1）商业性银行贷款

商业银行是以盈利为目的的，从事信贷资金投放的金融机构，它们可以为企业提供商业性银行贷款。具体又分为国内商业银行贷款和国际商业银行贷款。

我国制度规定，申请商业性贷款应具备产品有市场、生产经营有效益、不挤占挪用信贷资金和恪守信用等基本条件。

国际商业银行贷款的提供方式有两种：一种是小额贷款，由一家商业银行独自贷款；另一种是金额较大，由几家甚至几十家商业银行组成银团贷放，又称"辛迪加贷款"。为了分散贷款风险，对数额较大的贷款，大多采用后一种做法。

2）政策性银行贷款

政策性银行是按照国家的产业政策或政府的相关决策进行投融资活动的金融机构，不以利润最大化为经营目标。它们可以为特定企业提供政策性银行贷款。

目前我国政策性银行有国家开发银行、中国进出口银行、中国农业发展银行，它们可以按照国家或相关部门的规定向企业提供政策性贷款。

3）银行贷款融资的优缺点

优点：

①融资速度快。企业利用银行贷款筹资，仅仅需要借贷双方直接协商，程序简单，企业可以快速获得现金；

②融资弹性大。企业在获得银行借款时，由于借贷双方直接协商，借款合同中的主要

条款都可以通过协商决定，有比较大的弹性；

③资金成本低。一般来说，银行借款所支付的利息比发行债券所支付的利息低得多，同时借款利息允许税前支付，具有避税作用。

缺点：

①风险大。与债券筹资一样，长期借款必须定期还本付息。在企业经营不利时，由于企业不能及时还本付息，使得企业的财务风险加大，甚至会引起破产；

②限制条款较多。企业在与银行签订借款合同时，一般都有限制条款。如定期报送有关财务报表、不准随意改变借款用途等。这些限制条款可能会限制企业的经营活动；

③融资数量有限。银行一般不愿意贷出巨额的借款。因此通过银行贷款的方式融资的能力有限，一般难以满足企业并购时大量资金的需求。

（2）外国政府贷款

外国政府贷款是一国政府向另一国政府提供的具有一定的援助或部分赠予性质的低息优惠贷款。

目前我国可利用的外国政府银行贷款主要有：日本国际协力银行贷款、日本能源贷款、美国国际开发署贷款、加拿大国际开发署贷款以及德国、法国等国的政府贷款。

外国政府贷款有以下特点：

①在经济上带有援助性质，期限长，利率低，有的甚至无息。一般年利率为 2% ~ 4%，还款平均期限为 20~30 年，最长可达 50 年；

②在贷款总额中，政府贷款一般占三分之一，其余三分之二为出口信贷。

③贷款一般都限定用途，如用于支付从贷款国进口设备，或用于某类项目建设。

我国各级财政可以为外国政府贷款提供担保，按照财政担保方式分为三类：国家财政部担保、地方财政厅（局）担保、无财政担保。

（3）国际金融组织贷款

国际金融组织贷款是国际金融组织按照章程向其成员国提供的各种贷款。目前与我国关系最为密切的国际金融组织是国际货币基金组织、世界银行组织和亚洲开发银行。国际金融组织一般都有自己的贷款政策，只有这些组织认为应当支付的项目才能得到贷款。使用国际金融组织的贷款需要按照这些组织的要求提供资料，并且需要按照规定的程序和方法来实施项目。

1）国际货币基金组织贷款

国际货币基金组织的贷款只限于成员国财政和金融当局，不与任何企业发生业务，贷款用途限于弥补国际收支逆差或用于经常项目的国际支付，期限为 1~5 年。

2）世界银行贷款

世界银行贷款具有以下特点：

①贷款期限较长。一般为 20 年左右，最长可达 30 年，宽限期为 5 年；

②款利率实行浮动利率，随金融市场利率的变化定期调整，但一般低于市场利率。对已订立贷款契约而未使用的部分，要按年征收 0.75% 的承诺费。

③世界银行通常对其资助的项目只提供货物和服务所需要的外汇部分，约占项目总额的 30% ~40%，个别项目可达 50%。但在某些特殊情况下，世界银行也提供建设项目所需要的部分国内费用。

④贷款程序严密，审批时间较长。借款国从提出项目到最终同世界银行签订贷款协议获得资金，一般需要一年半到两年的时间。

3）亚洲开发银行贷款

亚洲开发银行贷款分为硬贷款、软贷款和赠款。硬贷款是由亚行普通资金提供的贷款，贷款的期限为10~30年，含2~7年的宽限期，贷款的利率为浮动利率，每年调整一次。软贷款又称优惠利率贷款，是由亚行开发基金提供的贷款，贷款的期限为40年，含10年的宽限期，不收利息，仅收1%的手续费，此种贷款只提供还款能力有限的发展中国家。赠款资金由技术援助特别基金提供。

2. 吸收外商直接投资

主要方式：

（1）举办中外合资经营企业

中外合资经营企业是由中国投资者和外国投资者共同出资、共同经营、共负盈亏、共担风险的企业，它的组织形式是有限责任公司。目前，合资经营企业还不能发行股票，而采用股权形式，按合资经营各方的投资比例分担盈亏。

（2）举办中外合作经营企业

国际上通常将合作经营企业分为两类：一类是"股权式合作经营企业"，另一类是"契约式合作经营企业"。

利用外商直接投资具有以下优点：

①利用吸收投资所筹集的资金属于自有资金，能增强企业或项目的信誉和借款能力，对扩大经营规模、壮大项目实力具有重要作用；

②能直接获取投资者的先进设备和先进技术，尽快形成生产能力，有利于尽快开拓市场；

③根据项目建成投产后的实际盈亏状况向投资者支付报酬，建成运营的企业无固定的财务负担，故财务风险较小。

利用外商直接投资具有以下缺点：

a. 吸收投资支付的资金成本较高；

b. 吸收投资容易分散企业的控制权。

3. 发行股票

根据股东权利的不同，股票可分为普通股和优先股。普通股是随着企业利润变动而变动的一种股份。优先股是普通股的对称，是股份公司发行的在分配红利和剩余财产时比普通股具有优先权的股份。普通股是股份公司资本构成中最普通、最基本的股份，通过普通股融资是股份企业融资的主要方式，所以这里重点介绍普通股。

（1）普通股的种类

普通股是股份有限公司为了筹措资金而发行的无特别权利的股份。股份公司根据有关法规的规定及融资和投资者的需要，可以发行以下几类普通股。

1）按股票是否标明金额，可分为面值股和无面值股

面值股票是在票面上标有一定金额的股票；无面值股票是不在票面上标出金额，只载明所占公司股本总额的比例或股份数的股票。目前，我国《公司法》不承认无面值股票，规定股票应记载股票的面额，并且发行价格不得低于票面金额。

2）按股票有无记名，可分为记名股和不记名股

股票票面上记载股东姓名或名称的股票称为记名股。票面上不记载股东姓名或名称的股票称为无记名股。记名股除记名的股东外，其他人不得行使股东的权利，股份可以通过严格的法律程序与手续办理过户。无记名股的股票所有人即为股东，股票的转让也无需办理过户手续，比较自由、方便。

3）按投资主体的不同，可分为国家股、法人股、个人股

国家股是有权代表国家投资的部门或机构以国有资产向公司投资而形成的股份。

法人股是企业法人依法以其可支配的财产向公司投资而形成的股份。

个人股是社会个人或公司内部职工以个人财产投入公司而形成的股份。

4）按上市地区和发行对象不同，可分为 A 股、B 股、H 股、N 股和 S 股

A 股的正式名称是人民币普通股票。它是由我国境内的公司发行，供境内机构、组织或个人（不含台、港、澳投资者）以人民币认购和交易的普通股股票，我国 A 股股票市场经过几年快速发展，已经初具规模。A 股不是实物股票，以无纸化电子记账，实行"$T+1$"交割制度，有涨跌幅（10%）限制，参与投资者为中国大陆机构或个人。

B 股的正式名称是人民币特种股票。它是以人民币标明面值，以外币认购和买卖，在境内（上海、深圳）证券交易所上市交易的。它的投资人限于：外国的自然人、法人和其他组织，香港、澳门、台湾地区的自然人、法人和其他组织，定居在国外的中国公民，中国证监会规定的其他投资人。现阶段 B 股的投资人，主要是上述几类中的机构投资者。B 股公司的注册地和上市地都在境内，只不过投资者在境外或在中国香港、澳门及台湾。B 股不是实物股票，以无纸化电子记账，实行"$T+3$"交割制度，有涨跌幅（10%）限制，参与投资者为香港、澳门、台湾地区居民和外国人，持有合法外汇存款的大陆居民也可投资。

H 股，即注册地在内地、上市地在香港的外资股。香港的英文是 HongKong，取其字首，在港上市外资股就叫做 H 股。依此类推，纽约的第一个英文字母是 N，新加坡的第一个英文字母是 S，纽约和新加坡上市的股票就分别叫做 N 股和 S 股。

（2）股票融资的优缺点

优点：

①筹措的资本具有永久性，没有到期日，不需归还。

②发行股票筹资没有固定的股利负担。

③发行股票筹集的资本是公司最基本的资金来源，它反映了公司的实力，可作为其他融资方式的基础，尤其可为债权人提供保障，增强公司的举债能力。

④由于股票的预期收益较高，并可一定程度地抵消通货膨胀的影响，因此股票筹资容易吸收资金。

缺点：

①从投资者的角度讲，投资于股票，风险较高，相应地要求有较高的投资回报率；

②对于筹资公司来讲，股利从税后利润中支付，不像债券、利息那样作为费用从税前支付，此外股票的发行费用一般也高于其他证券。

4. 债券

债券，亦称"收益债券"。它是公司、企业、国家和地方政府为筹集资金向社会公众

发行的、保证按规定时间向债券持有人支付利息和偿还本金的凭证。债券上载有发行单位、面额、利率、偿还期限等内容。债券的发行者为债务人，债券的持有者是投资方为债权人。它体现着发行方与投资方的债权债务关系。企业为筹措资本而发行的债券称为企业债券或公司债券。

（1）债券的种类

债券是一种在发行公司全部偿付之前，必须逐期向持有者支付定额利息的证券。债券有许多种类型：

①国内公司（企业）债券。债券融资是建设项目筹集资金的主要形式之一。

②可转换债券。指在规定期限内的任何时候，债券持有人都可以按照发行合同指定的条件把所持债券转换成本公司的股票的一种债券。

③海外可转换债券。指向国外发行的可转换债券。

④海外债券融资。海外债券是由一国政府、金融机构、企业或国际组织，为筹措资金而在国外证券市场上发行的、以某种货币为面值的债券。

（2）债券融资的优缺点

债券融资方式有以下优点：资金成本低，保证公司的控制权，具有财务杠杆的正效应，转移通货膨胀风险等。

债券融资缺点如下：融资风险高，限制条件多，筹资有限。

5. 利用留存收益融资

留存收益是指企业从历年实现利润中提取而形成的留存于企业内部的积累。留存收益来源于企业的生产经营活动所实现的利润，其主要包括盈余公积金、公益金和未分配利润，这是企业自有资金的重要来源。

企业利用留存收益融资优点：

①利用留存收益融资，不发生筹资费用。企业向外界筹集资金，无论采用何种方式，都需要付出大量的融资费用。因此，在融资费用较高的今天，利用留存收益筹措资金对企业十分有利。

②利用留存收益融资，企业的股东可以获得税收上的收益；企业如不利用留存收益融资而是将盈利全部分给股东，股东收到后要交个人所得税；企业适当利用留存收益，少发股利，企业的股票就会上涨，股东可以出售部分股票代替股利收入，从而获得收益。

③利用留存收益融资属于权益融资，不会增加企业风险，并增加企业的信用价值。

企业利用留存收益融资缺点：

①如果企业保留的留存收益过少，股利支付太多，可能不利于企业的股票价格上涨。

②如果企业保留的留存收益过多，股利支付太少，可能会影响到企业今后的融资。因为，企业能否较多的给普通股支付股利，是一个企业是否具有较高的盈利水平和较好的财务状况的有力体现。

③留存收益数量的大小受到企业股利分配政策的影响。

6. 租赁融资

租赁融资是一种以金融、贸易与租赁相结合，以租赁物品的所有权与使用权相分离为特征的一种信贷方式。这种融资方式既不是直接放贷，也不同于传统的财产租赁，而是集融资和融物于一体，兼有金融与贸易双重职能的融资方式。对于公司来说，购买资产的目的是使用资产并获取收益，也就是说，资产的使用权比所有权更实际、更重要。租赁就是一种获取资产使用权的融资方式，是资产购买的替代方式。

租赁融资的优点

①迅速获得所需资产：租赁融资集"融资"与"融物"于一体，一般要比先融资后购置设备要来得快，可使企业尽快形成生产经营能力；

②融资限制少：企业运用股票、债券、银行贷款等融资方式，都受到相当多的资格条件等的限制，相比之下，租赁融资的限制条件要少；

③免遭设备陈旧过时的风险：随着科学技术的进步，设备陈旧过时的风险很高，而租赁融资则多数都规定由出租人承担这一风险，承租企业就可以免遭这种风险。

④减低不能偿付的危险：通常全部租金会在整个租期内分期支付，这样就可适当减低不能偿付的危险。

⑤企业可享受税收利益：租金费用可在税前支付，承租企业可享受税收方面的利益。

租赁融资的缺点：

租赁融资的主要缺点是成本较高，租金总额通常要高于设备价值的30%；定期支付固定的租金，在企业财政困难时期，也将对企业构成一项沉重的负担；采用租赁融资这种方式融资的话，企业不能享受设备残值，对企业来说也是一种损失。

7.3 资金成本与资金结构

7.3.1 资金成本及其计算

1. 资金成本的概念

广义而言，资金成本是指企业为筹集和使用所有资金而付出的代价。狭义的资金成本是指筹集和使用长期资金的成本。

资金成本包括资金筹集成本和资金使用成本两部分。资金筹集成本又称为资金筹集费（F），是指在融资过程中支付的各项费用，如银行贷款支付的手续费，发行股票和债券时支付的印刷费、律师费、资信评估费及广告费等。资金使用成本又称资金占用费（D），是指占用资金支付的费用，如银行贷款利息，股票的股利等。

2. 资金成本的分类

资金成本按其用途，可分为个别资金成本、综合资金成本和边际资金成本。

1）个别资金成本：是单种融资方式的资金成本。包括长期贷款成本、长期债券成本、普通股成本、留存收益成本等。个别资金成本一般用于比较和评价各种融资方式。

2）综合资金成本：是对各种个别资金成本进行加权平均而得的结果，也称作加权平均资金成本。权值可以在账面价值、市场价值和目标价值中选择。综合资金成本一般用于资金结构决策。

3）边际资金成本：是指新筹集部分资金的成本。边际资金成本一般用于追加资金的决策。

以上三种资金成本虽然用途及计算方法各不相同，但相互联系密切，个别资金成本是综合资金成本与边际资金成本的基础，综合资金成本与边际资金成本是个别资金成本的加权平均，在实际中往往同时运用，缺一不可。

3. 资金成本的作用

在工程项目投资决策中，确定资金成本是一项非常重要的工作。资金成本对企业融资管理、投资管理、整个财务管理和经营管理都具有十分重要的作用。

1）资金成本是选择资金来源和融资方式的主要依据。随着我国金融市场的逐步完善，企业融资方式日益增多。选择融资方式时，资金成本的高低可以作为比较各种融资方式优缺点的依据之一，在其他条件基本相同或对企业影响不大时，应选择资金成本最低的融资方式。

2）资金成本是衡量资金结构是否合理的依据。企业资金结构一般是由权益融资和负债融资两部分结合而成，衡量二者间的组合是否最佳的标准主要是资金成本最小化和企业价值最大化。

3）资金成本是评价投资方案的可行性、进行投资决策的主要标准之一。当资金利率高于贴现率时投资机会才是有利可图的，才值得进行融资和投资。否则，就没有必要考虑融资和投资。

4）资金成本是选择追加融资方案的重要依据。企业为了扩大生产经营规模，需要增大资金投入量，这时企业往往通过计算边际资金成本的大小来选择是否追加融资。

4. 资金成本的计算

（1）个别资金成本计算

1）个别资金成本计算的一般形式

个别资金成本是企业资金占用费与有效融资额的比率。其一般计算公式为：

$$K = \frac{D}{P - F} \times 100\% \tag{7-1}$$

$$K = \frac{D}{P\,(1 - f)} \times 100\% \tag{7-2}$$

式中　K——资金成本率（一般通称为资金成本）；

　　　P——筹集资金总额（融资额）；

　　　D——资金占用费；

　　　F——资金融资费；

　　　f——融资费用率（即融资费占筹集资金总额的比率）。

2）银行借款的融资成本 K_d

银行借款的融资额为借款本金，融资费为借款手续费。银行借款的成本就是指借款利息和借款手续费。由于借款利息计入税前成本费用，可以起到抵税的作用，因此银行借款融资成本还可以按照下列公式计算：

$$K_d = \frac{I_d(1 - T)}{L(1 - f_d)} \tag{7-3}$$

式中　K_d——银行借贷成本；

　　　I_d——银行借款年利息；

　　　T——所得税税率；

　　　L——银行借款融资额（借款本金）；

　　　f_d——银行借款融资费用率。

114

式 (7-3) 也可写成如下形式:

$$K_d = \frac{r_d(1-T)}{1-f_d} \tag{7-4}$$

$$r_d = \frac{I_d}{L} \tag{7-5}$$

式中　r_d——银行借款利率。

当银行借款的融资费用(主要是借款的手续费)很小时,也可以忽略不计。

[例7-1] 某企业取得一笔3年期借款500万元,年利率为10%,每年付息一次,到期一次还本,手续费率为0.6%,企业所得税率为33%。计算该项银行借款的资金成本。

[解] 该项银行借款资金成本为:

$$K_d = \frac{500 \times 10\% \times (1-33\%)}{500 \times (1-0.6\%)} = 6.74\%$$

或:

$$K_d = \frac{10\%(1-33\%)}{1-0.6\%} = 6.74\%$$

如果忽略不计手续费的影响,则:

$$K_d = 10\% \times (1-33\%) = 6.7\%$$

3) 债券成本 K_b

企业债券的融资额为债券的发行价格,有时与债券面值可能不一致,有等价、溢价和折价等;发行债券的成本主要是指债券利息和筹资费用。债券利息是按其面值和票面利率计算并列入税前费用,具有抵税效用。债券的融资费为债券发行费用,一般比较高,不可以在计算融资成本时省略。

在分期付息、到期一次还本的情况下,债券融资成本的计算公式为:

$$K_b = \frac{I_b(1-T)}{B(1-f_b)} \tag{7-6}$$

当债券发行价格与面值一致时,上式也可写成如下形式:

$$K_b = \frac{r_b(1-T)}{1-f_b} \tag{7-7}$$

式中　K_b——债券融资成本;

　　I_b——债券年利息;

　　T——所得税税率;

　　B——债券筹资额;

　　f_b——债券筹资费用率;

　　r_b——债券利率。

若债券溢价或折价发行,为了更精确地计算资金成本,应以其实际发行价格作为债券筹资额。

由于债券进入二级市场流通后,其价格随行就市。金融市场的市场利率总会上下波动,债券持有人对该债券期望的收益率也在变化。债券定价公式为

$$B_0 = \sum_{t=1}^{n} \frac{I_t}{(1+R)^t} + \frac{M}{(1+R)^n} \tag{7-8}$$

利用贴现现金流量模式，可将上式改写成如下形式：

$$B_0 = \sum_{t=1}^{n} I_t(P/F,R,t) + M(P/F,R,n) \tag{7-9}$$

式中　B_0——债券当前的净值，是债券发行额扣除其发行费后的实有数额；

　　　I_t——第 t 年利息（面值×票面利率）；

　　　M——到期还本额，即债券面值；

　　　R——投资者对该债券期望收益率；

　　　t——现在至债券到期的年限；

　　　n——债券的发行期限。

根据债券当前的市值，债券面值，票面利率，发行期限和现在至债券到期的年限，可求出债券的期望收益率 R，这就是债券当前的税前资金成本，则其税后成本为：

$$K = (1 - T) \cdot R \tag{7-10}$$

式中　K——债券的税后资金成本；

　　　T——所得税率。

[例7-2] 某公司发行面值为 600 万元的 5 年期债券，票面利率 11%，每年支付一次利息，发行费用占发行价格的 5%。若公司所得税率为 32%，试计算该债券的资金成本。

[解] 根据债券定价公式，可有：

$$600 \times (1 - 5\%) = \sum_{t=1}^{5} \frac{600 \times 11\%}{(1 + R)^t} + \frac{600}{(1 + R)^5}$$

即　　　　　$597 = 66 \times (P/A,R,5) + 600 \times (P/F,R,5)$

试算，设计 $R_1 = 11\%$　右式 $= 600$

　　　　设计 $R_2 = 12\%$　右式 $= 578.13$

内插法：

$$R = 11\% + \frac{597 - 600}{578.13 - 600} \times (12\% - 11\%)$$

$$= 11.14\%$$

该借款税前成本为 11.14%，调整为税后成本为：

$$K = 11.14\% \times (1 - 32\%) = 7.58\%$$

4）优先股成本 K_P

优先权是公司在融资时对优先股购买者给以某些优惠条件的承诺。优先股的优先权主要表现在优先于普通股分得股利，且股利通常是固定的。

与负债利息的支付不同，优先股的股利须在税后净利润中支付。因其股利固定、期限永久，所以可视为永续年金。优先股成本的计算公式为：

$$K_P = \frac{D_P}{P_P(1 - f_P)} = \frac{F_P \times i_P}{P_P(1 - f_P)} \tag{7-11}$$

当优先股发行价格与票面价格相等时，式（7-11）可改写成：

$$K_P = \frac{P_P \times i_P}{P_P(1 - f_P)} = \frac{i_P}{1 - f_P} \tag{7-12}$$

式中　K_P——优先股成本；

D_P——优先股每年股息；

F_P——优先股的发行价格；

P_P——优先股票面值；

i_P——股息率；

f_P——优先股筹资费用率。

[**例7-3**] 某公司发行面值为 1000 万元的优先股股票，发行价格为 800 万元，股息率为 10%，每年支付一次利息，发行费用占发行价格的 5%，试计算该债券的资金成本。

[**解**]
$$K_\mathrm{P} = \frac{D_\mathrm{P}}{P_\mathrm{P}(1-f_\mathrm{P})} = \frac{F_\mathrm{P} \times i_\mathrm{P}}{P_\mathrm{P}(1-f_\mathrm{P})} = \frac{800 \times 10\%}{1000 \times (1-5\%)} = 8.4\%$$

5）普通股成本 K_C

与其他融资方式相比，普通股的资金成本具有更大的不确定性。首先，普通股的发行有溢价、等价两种形式，往往需要支付较多的发行费用，而且普通股的市场价格经常变化；其次，普通股的股利也不是固定的，并且需要税后支付。因此，计算普通股的资金成本时存在很大困难。通常用评价法和资本资产定价模型法计算。

①股票股利估价模型法（评价法）：

普通股的价值等于企业所能带来的未来收益的现值。一般而言，未来收益为投资者所获得的股利和售出股票的未来市值。

$$V_0(1-f_\mathrm{c}) = \sum_{t=1}^{n} \frac{D_t}{(1+K_\mathrm{c})^t} + \frac{V_n}{(1+K_\mathrm{c})^n} \tag{7-13}$$

式中　K_c——普通股成本；

V_0——股票发行价；

V_n——第 n 年末股票价值；

D_t——t 年股利；

f_c——普通股融资费用率。

若企业采用固定股利政策，每年股利不变，且投资者无限期持有股票，则

$$K_\mathrm{c} = \frac{D}{V_0(1-f_\mathrm{c})} \tag{7-14}$$

若股利第一年为 D_1，以后股利每年增长为 G，则普通股成本为

$$K_\mathrm{c} = \frac{D_1}{V_0(1-f_\mathrm{c})} + G \tag{7-15}$$

②资本资产定价模型法：

按照资本资产定价模型法，普通股成本的计算公式为

$$K_\mathrm{c} = R_\mathrm{c} = R_\mathrm{F} + \beta \cdot (R_\mathrm{m} - R_\mathrm{F}) \tag{7-16}$$

式中　R_c——普通股成本也称为股票的必要报酬率；

R_F——无风险报酬率；

R_m——平均风险股票必要报酬率；

β——系数。

6）租赁成本 K_L

企业通过租赁获得某些资产的使用权，要定期支付租金，并且将租金列入企业成本，

在税前支付。租金成本率的计算公式为：

$$K_L = \frac{E}{P_L} \cdot (1 - T) \tag{7-17}$$

式中　K_L——租赁成本率；

　　　P_L——租赁资产价值；

　　　E——年租金额。

[例7-4] 我国某工程公司因某工程需要，现向国外某机械公司租赁打桩船一艘，租船费用为5万元人民币/天，而该型号打桩船的制造成本为1亿人民币/艘，公司所得税率为30%，试求租金成本率。

[解]
$$K_L = \frac{E}{P_L} \cdot (1 - T) = \frac{5 \times 365}{10000}(1 - 30\%) = 12.8\%$$

7）留存盈余成本 K_r

留存盈余也称保留盈余，是企业税后净利在扣除当年股利后保留在企业的那部分盈利，即经营所得净收益的积余，包括盈余公积和未分配利润。

留存盈余是所得税后形成的，其所有权属于普通股股东，实质上相当于股东对公司的追加投资。股东将留存盈余留用于公司，是想从中获取投资报酬，所以留存盈余也有融资成本，即股东失去的向外投资的机会成本。他与普通股成本的计算基本相同，只是不考虑融资费用。留存盈余成本的计算有很多种方法，其中一种计算公式为：

$$K_r = \begin{cases} \dfrac{D}{V_0} & \text{股利每年保持不变} \\[3mm] \dfrac{D_1}{V_0} + G & \text{股利每年增长为 } G \end{cases} \tag{7-18}$$

[例7-5] 某公司为扩大生产规模，拟增发200万股新普通股，每股发行价格为10元，发行费率4%；同时，公司现有留存收益300万元，预计当年股利率为10%，同时估计未来股利每年递增3%，试求普通股成本 K_c 与留存收益成本 K_r。

[解]
发行普通股成本为：

$$K_c = \frac{D_1}{V_0(1 - f_c)} + G = \frac{200 \times 1}{200 \times 10 \times (1 - 4\%)} + 3\% = 13.04\%$$

留存收益成本为：

$$K_r = \frac{D_1}{V_0} + G = \frac{300 \times 1/10}{300} + 3\% = 13\%$$

（2）综合资金成本计算

一般来讲，项目的资金筹措一般采用多种融资方式。从不同来源取得的资金，其资金成本有高有低。由于受到多种环境的制约，项目不可能只从某种低成本的来源筹集资金，而是各种筹贷方案的有机组合。因此，为了进行融资决策，需要计算整个融资方案的综合融资成本（总资金成本），以反映建设项目的整个融资方案的融资成本状况。综合资金成本一般是以各种资金占全部资金的比重为权数，对个别资金成本进行加权平均确定的，故而又称加权平均资金成本。其计算公式为：

$$K_w = \sum_{j=1}^{n} K_j W_j \qquad\qquad (7\text{-}19)$$

式中 K_w——综合资金成本；

K_j——第 j 种融资方式的个别资金成本；

W_j——第 j 种个别资金占全部资金的比重（权数）。

[例7-6] 某公司账面反映的现有长期资本总额10000万元，其中长期借款2500万元、长期债券3000万元、优先股1500万元、普通股2000万元、留存收益1000万元；各种资金的个别资金成本分别为5%、6%、11%、14%和13%。试计算该公司的综合资金成本。

[解] ①计算各种资金在全部资金中的比重。

$$长期借款资金比重：\frac{2500}{10000} = 0.25$$

$$长期债券资金比重：\frac{3000}{10000} = 0.3$$

$$优先股资金比重：\frac{1500}{10000} = 0.15$$

$$普通股资金比重：\frac{2000}{10000} = 0.2$$

$$留存收益比重：\frac{1000}{10000} = 0.1$$

②计算综合资金成本。

$$\begin{aligned} K_w &= 5\% \times 0.25 + 6\% \times 0.3 + 11\% \times 0.15 + 14\% \times 0.2 + 13\% \times 0.1 \\ &= 8.8\% \end{aligned}$$

（3）边际资金成本计算

边际资金成本是指资金每增加一个单位所增加的资金成本。在企业需要追加融资时，边际资金成本是企业选择融资方案的重要依据。边际成本的计算大体可以分为两个步骤：

①计算筹资突破点。所谓融资突破点，是指保持其资金结构不变的条件下可以筹集到的资本总额。在融资突破点以内融资，资金成本不会改变，一旦超过了融资突破点，即使保持原有的资金结构，其资金成本也会增加。融资突破点的计算公式为：

$$融资突破点 = \frac{可用某一特定成本率筹集到某种资本最大数额}{该种资本在资本结构中所占的比重} \qquad (7\text{-}20)$$

②计算边际资金成本。根据计算出的突破点，可得出若干组新的筹资范围，对筹资范围分别计算加权平均资金成本，即可得到各种筹资范围的边际资金成本。

7.3.2 资金成本的应用

在企业融资决策中，无论是选择融资方式还是确定融资规模，都需要以资金成本作为重要依据。读者可根据下面的三个例子了解资金成本在企业融资决策中的作用。

[例7-7] 某企业欲融资3000万元，现有三种融资组合方案，各方案的详细数据见表7-1。试分析对企业来讲哪种方案最合理。

各融资组合方案数据表（单位：万元） 表7-1

融资方式	资金成本	A方案		B方案		C方案	
		金额	比例	金额	比例	金额	比例
银行贷款	6%	300	10%	600	20%	750	25%
债券	7%	600	20%	600	20%	300	10%
优先股	11%	900	30%	—		450	15%
普通股	13%	1200	40%	1800	60%	1500	50%
合计	—	3000	100%	3000	100%	3000	100%

[**解**] 一般都使用综合资金成本判断融资结构是否合理。下面分别计算三个组合方案的综合资金成本。

A方案综合资金成本 $= 10\% \times 6\% + 20\% \times 7\% + 30\% \times 11\% + 40\% \times 13\% = 10.5\%$

B方案综合资金成本 $= 20\% \times 6\% + 20\% \times 7\% + 60\% \times 13\% = 10.4\%$

C方案综合资金成本 $= 25\% \times 6\% + 10\% \times 7\% + 15\% \times 11\% + 50\% \times 13\% = 10.35\%$

由计算可知，C方案综合资本金成本最低，因此该公司采用C组合方案为合理。

[**例7-8**] 某公司欲扩大生产规模，需要新增资金300万元，现有两种融资方案供选择，问哪种方案对公司最有利？（企业所得税率32%）

方案一：向银行申请长期贷款300万元，年利率12%，贷款手续费率0.4%，每年付息一次，到期一次还本。

方案二：发行面值3元的普通股60万股，发行价为5元，发行费率3%，预计每年每股需支付股利0.42元。

[**解**] 在不考虑其他因素的情况下，可根据个别资金成本评价融资方案。

$$方案一个别成本金 = \frac{300 \times 12\% \times (1 - 32\%)}{300 \times (1 - 0.4\%)} = 8.19\%$$

$$方案二个别资金成本 = \frac{60 \times 0.42}{60 \times 5 \times (1 - 3\%)} = 8.66\%$$

由计算可知，方案一的个别资金成本明显低于方案二的个别资金成本，因此，该公司应选择方案一进行融资。

[**例7-9**] 某企业拥有长期资金2000万元，其中，长期借款300万元，长期债款500万元，普通股1200万元。为扩大经营规模，需增加投资。现有6个投资项目，各投资项目的投资需求与内含报酬率见表7-2。企业为满足上述投资需追加融资，经分析，认为追加筹资后仍应保持目前的资金结构，即长期借款占15%，长期债券占25%，普通股占60%，并测算出随着筹资数额的增加，各种资金成本的变化详见表7-3。要求作出该企业的追加融资规划。

各项目投资额和内含报酬率表（单位：万元） 表7-2

项　　　目	投　资　额	内 含 报 酬 率	累 计 投 资 额
A	500	13.30%	500
B	400	12.70%	900
C	400	12.40%	1300

项　　目	投　资　额	内 含 报 酬 率	累 计 投 资 额
D	300	11.75%	1600
E	200	10.75%	1800
F	200	10.24%	2000
合计	2000	—	—

企业增资情况及个别资金成本变动表　　　　表7-3

资 本 种 类	目标资金结构	新 筹 资 额	资金成本（%）
长期借款	15%	45 万元以内 45～90 万元 90 万元以上	3 5 7
债券	25%	200 万元以内 200～400 万元 400 万元以上	10 11 12
普通股	60%	300 万元 300～600 万元 600 万元以上	13 14 15

[解] 首先确定追加融资的边际成本。

①计算融资突破点，结果详见表7-4。

企业融资突破点计算表　　　　表7-4

资本种类	目标资金结构	资金成本（%）	新融资额	融资突破点
长期借款	15%	3 5 7	45 万元以内 45～90 万元 90 万元以上	300 万元 600 万元
债券	25%	10 11 12	200 万元以内 200～400 万元 400 万元以上	800 万元 1600 万元
普通股	60%	13 14 15	300 万元 300～600 万元 600 万元以上	500 万元 1000 万元

上表中各融资突破点计算过程如下：

$$\frac{45}{15\%}=300\text{（万元）}\qquad \frac{90}{15\%}=600\text{（万元）}\qquad \frac{200}{25\%}=800\text{（万元）}$$

$$\frac{400}{25\%}=1600\text{（万元）}\qquad \frac{300}{60\%}=500\text{（万元）}\qquad \frac{600}{60\%}=1000\text{（万元）}$$

（融资突破点300万元的含义是：只要追加筹资总额不超过300万元，在保持15%长期借款的资金结构下，最多能筹集到45万元的长期借款，而按表7-4提供的资料可知，长期借款的资金成本为3%。换句话说就是，以3%的成本向银行申请长期借款，在保持目标资金结构不变的前提下，能筹集到的资金总额最高为300万元，其中长期借款最多能筹集到45万元，占筹资总额的15%。）

②计算边际资金成本。根据上一步计算出的筹资突破点，可以得到七组筹资总额范

围：（1）300万元以内；（2）300万元～500万元；（3）500万元～600万元；（4）600万元～800万元；（5）800万元～1000万元；（6）1000万元～1600万元；（7）1600万元以上。对以上七组筹资范围分别计算加权平均资金成本，即得到各种筹资范围的综合资金成本。计算结果详见表7-5。

企业融资突破点计算表   表7-5

融资范围	资本种类	资金结构（%）	资金成本（%）	加权平均资金成本
300万元以内	长期借款 债券 普通股	15 25 60	3 10 13	10.75%
300～500万元	长期借款 债券 普通股	15 25 60	5 10 13	11.05%
500～600万元	长期借款 债券 普通股	15 25 60	5 10 14	11.65%
600～800万元	长期借款 债券 普通股	15 25 60	7 10 14	11.95%
800～1000万元	长期借款 债券 普通股	15 25 60	7 11 14	12.20%
1000～1600万元	长期借款 债券 普通股	15 25 60	7 11 15	12.80%
1600万元以上	长期借款 债券 普通股	15 25 60	7 12 15	13.05%

上述边际成本可用图形来表示，如图7-1所示。

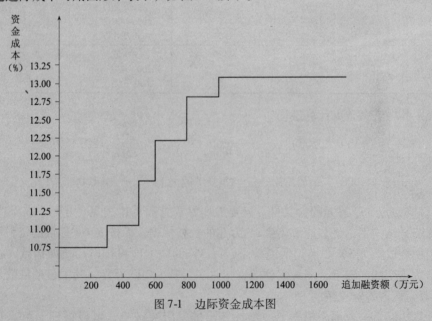

图7-1 边际资金成本图

③绘制规划图。在边际资金成本图的基础上，依据各投资项目内含报酬率的变化，绘制规划图，见图 7-2。

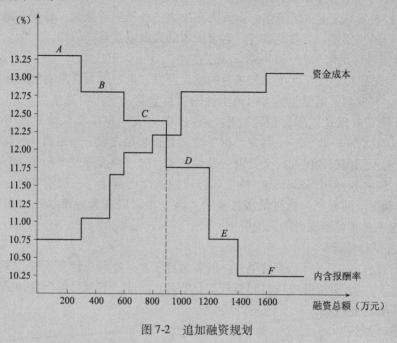

图 7-2　追加融资规划

由图 7-2 可知，企业融资资金应该首先用于内含报酬率最大的 A 项目，然后再选择 B 项目，依此类推。资金成本与投资机会的交插点 900 万是适宜的融资预算。此时可选择 A、B 和 C 三个项目，它们的内含报酬率高于相应的边际资金成本。其他项目的内含报酬率虽高于目前的资金成本，但低于其融资所需的边际资金成本，所以是不可取的。

7.4　项 目 融 资

7.4.1　基本概念

广义上，一切针对具体项目所安排的融资活动都可以称为"项目融资"，这是在欧洲盛行的观点。但是在北美洲，金融界则习惯上将只具有无追索或有限追索形式的融资活动称为项目融资。本章中讨论的项目融资重点是后一种形式的融资活动。

追索是指在借款人未按期偿还债务时，贷款人要求借款人用以除抵押资产之外的其他资产偿还债务的权利。有限追索形式的融资活动就是说资本偿还以项目投产后的收益及项目本身的资产作为还款来源，即将归还贷款的资金来源限定在所融资项目的收益和资产范围之内的一种融资活动。工程项目建成后如果没有收益，项目公司无法得到预期收益，就不能偿还贷款。贷款人不能追索到除项目资产及相关担保资产以外的项目发起人的资产。无追索是有限追索的特例，即在融资的任何阶段，贷款人均不能追索到项目发起人除项目之外的资产，融资百分之百的依赖于项目的经济强度。由此可知，无追索和有限追索的性质是项目融资的一个突出特征。除此以外，项目融资与传统融资方式相比较，还具有以下几点特征：

1. 项目导向

项目融资的一个重要特征是在安排融资时主要依赖于项目的现金流量和资产，而不依赖于项目的投资者或发起人的资信。投资方在决定是否提供贷款时，首要考虑的因素是融资项目本身的经济强度、贷款的数量、融资成本的高低以及融资结构。

2. 融资渠道多元化

项目融资之所以适合于大型工程项目的建设开发，正是因为它具有多元化的资金筹措渠道。项目融资的融资渠道包括有限追索性的项目贷款、发行项目债券、外国政府贷款、国际金融机构贷款以及依靠目前比较盛行的 BOT 方式（BOT 英文全称是 Build-Operate-Trarsfer，译为建设——运营——移交。BOT 方式是指采用建设——运营——移交一揽子解决办法，吸引无须担保的民间资金投资基础设施项目的一种投资方式）和 ABS 方式（ABS 英文全称是 Asset-Backed Securities，中文名称叫做资产证券化，一般指将缺乏流动性但能够产生未来现金流的资产，通过结构性重组，转变为可以在金融市场上销售和流通的证券），直接融入外资甚至国内的民间资本。

3. 资金占用期限长

运用项目融资方式进行融资的项目一般多属耗资大、建设及经营期长，资金回收慢的大型基础设施项目、资源开发项目和制造工业项目，因此，与项目导向性相适应，项目融资的资金占用期一般较长。

4. 融资成本较高

项目融资中存在的一个主要问题就是相对融资成本较高，组织融资所需要的时间较长。项目融资涉及面广、结构复杂，需要做好大量的、一系列的技术性工作，因此，前期工作量较大，通常从开始准备到完成整个融资计划需要 3～6 个月时间，有些大型项目融资甚至可以拖上几年的时间，再加之有限追索的性质，导致融资成本要比传统的融资方式高很多。

7.4.2 项目融资的参与者

由于项目融资结构复杂，因此参与者也比传统的融资方式多。所谓参与者是指参与融资结构并在其中发挥不同重要程度作用的利益主体。概括起来，项目融资的参与者主要包括这样几个方面：（1）项目的直接主办人；（2）项目的实际投资者；（3）项目的贷款银行；（4）项目产品的购买者/项目设施的使用者；（5）项目建设的工程公司/承包公司；（6）项目融资顾问；（7）有关政府机构；（8）法律/税务顾问。

以上几个方面参与者相互之间的基本关系可参见图7-3。

7.4.3 项目融资的阶段

从项目的投资决策算起，到选择项目融资的方式为项目筹集资金，一直到最后完成该项目融资，各个工程项目的运作程序大体上是一致的，大致上可分为 5 个阶段，即投资决策分析、融资决策分析、融资结构分析、融资谈判和项目融资的执行（见图7-4）。

1. 投资决策分析

从严格意义上讲，这一阶段也可以不属于项目融资所包括的范围。对于任何一个投资项目，都需要经过相当周密的投资决策分析。然而，一旦做出投资决策，接下来的重要工作就是确定项目的投资结构，它与将要选择的融资结构和资金来源有着密切的关系。

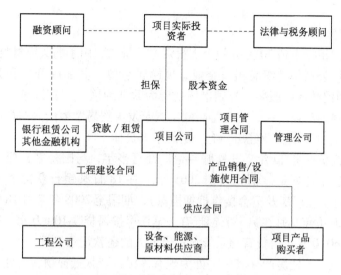

图 7-3　项目融资参与者之间的基本关系

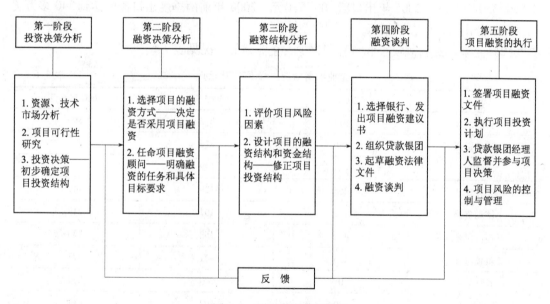

图 7-4　项目融资各阶段

2. 融资决策分析

在这一阶段，项目投资者将决定采用何种融资方式为项目筹集资金。

3. 融资结构分析

设计项目融资结构的一个重要步骤是完成对项目的分析评估。

4. 融资谈判

在初步确定了项目融资方案之后，融资顾问将有选择地向商业银行或其他一些金融机构发出参加项目融资的建议书，组织贷款银团，着手起草项目融资的有关文件。

5. 项目融资的执行

在正式签署项目融资的法律文件之后，融资的组织安排工作就结束了，项目融资将进人执行阶段。

7.4.4 项目融资案例

某纺织公司向银行申请 70 万元的个人投资经营贷款，用于购买原材料。

背景资料：该公司是纺织品出口企业，规模属小型（其品牌开发和竞争能力相对有限），主导产品为混纺针织服装，外销市场主要为欧洲地区。一直以来，纺织业是我国在国际市场竞争力强的产业之一，但也是与欧美国家发生贸易摩擦最大的行业。

（1）借款人有良好的从业经历，有一定的个人负债

借款人从事商贸业务 20 年，开展服装生产经营多年，与国外客户建立较为良好稳定的合作关系，购销渠道畅通。借款人于 2005 年 7 月 18 日某银行获得个人投资经营贷款 500 万元（以现有工业厂房及宿舍楼作抵押担保），期限至 2008 年 7 月 18 日，现余额约为 300 万元。另于 2001 年 9 月在另一家银行有一笔住房按揭贷款 100 万元，期限至 2011 年 9 月，现余额约为 60 万元。信贷管理系统显示借款人的还款记录良好。

借款人家庭拥有 4 处房产（其中一处为现有该银行贷款抵押物，一处为办公场所用于本笔贷款抵押）和两块地块。公司产品 100% 外销，2003 年出口额约 320 万美元，2004 年出口额 350 万美元，2005 年出口额 500 万美元。2006 年前两季度出口额已达到 340 多万美元。大部分出口结汇在该银行。

（2）企业的经营规模小和自有积累少，企业财务状况见表 7-6。

企业财务状况（单位：万元） 表 7-6

	2004 年	2005 年	2006 年 6 月
资产总额	934	872	890
流动资产	880	812	771
应收帐款	424	549	458
存货	256	129	141
流动负债	495	191	219
其他应付帐款	462	168	133
负债总额	495	471	473
长期借款	0	279	254
所有者权益	439	402	417
未分配利润	195	157	173
主营业务收入	2276	4107	993
净利润	129	106	15
资产负债率（%）	53	54	53
流动比率（%）	178	424	352
存货周转率（%）	1616	1988	693
应收帐款周转率（%）	505	845	197
销售净利率（%）	5.6	2.6	1.6

该公司的应收账款占流动资产比例较高、超过 60%。根据申报支行所提供的资料计算，该公司出口结汇中信用证收款比例也高达 60% 以上，可见其资金回笼较有保证。

借款人以自有资金投入企业，全部反映在其他应付款，非对外负债。因此该公司 2005 年和当前的实际资产负债率实际为 35% 和 38%。

另外，具体负责该公司的客户经理表示，借款人为避税等原因，个人企业一般不完全反映真实的盈利状况。

（3）企业和借款人表面的还款能力不足

借款人企业近年月均净利 7.5 万元，按照借款人占股比例计算，可支配净利为 6.7 万元。目前借款人企业在银行个人投资经营贷款的月供款为 101762 元，加上本笔贷款后月供款合计约 12.4 万元。按其公司财会报表的数据显示净利水平较低，未能完全覆盖供款。但实际上，企业将个投贷款计入了长期借款，日常还款在企业成本费用中列支，因此可按期偿还银行贷款本息。借款人现在银行个投贷款从去年至今一直还款正常，无逾期现象，借款人实际还款能力较有保障。

（4）对企业经营的风险分析

1）国际贸易风险。该公司产品全部出口销售，且主要市场在欧美地区。近年我国不断受到国际纺织品、服装配额的外来限制，且与欧美国家贸易摩擦仍会发生，因此国际贸易风险对该公司生产经营影响最直接也最大。

2）经营风险。多年来，我国纺织品和服装出口产品均存在产品附加值低，盈利率不高等问题。该公司需要以扩大生产和销售规模才能维持相当的盈利和持续发展能力，而这种增长恰恰容易受到有关国际贸易政策的影响。

3）抗风险能力较弱。尽管相对于企业负债水平而言，该公司长短期偿债能力较强，但自有积累仍较薄弱，企业整体的抗风险能力较弱。

（5）还款能力和贷款可行性

从过往还款情况看，借款人具有承担 500 万元个投贷款的还款能力。从当前授信总量上看，如加上本笔贷款，借款人在该行个投贷款总余额将达至 370 万元，仍低于原发放的 500 万元，而实际上银行已将其生产厂房和办公场所两项房产纳入抵押，在担保较有保障的情况下增加适度的授信，实际是加大了对借款人信用风险的约束和该行授信风险的保障程度。

这笔贷款最终被银行审批发放了，而其中还有以下的一些因素和情况起了关键的作用。

1）该公司一直在贷款银行做国内和国际结算业务，贷款行对该公司的经营情况十分熟识，贸易的真实性有保障；

2）该借款人的经营稳健，在当地纺织出口行业的口碑很好，上游行业的关系良好，加上其家庭和睦稳定，没有其他个人的投资项目；

3）该公司在贷款银行的各种原始资料真实完善，各种抵押物的产权证明材料齐全。

思 考 题

1. 什么是融资？企业为什么要进行融资？
2. 现阶段我国的融资渠道有哪些？

3. 简述 A 股、B 股、H 股、N 股和 S 股的区别。

4. 什么是资金成本?

5. 某公司发行面值为 1000 万元的 10 年期债券, 票面利率 10%, 每年支付一次利息, 发行费用占发行价格的 5%。若公司所得税率为 32%, 试计算该债券的资金成本?

6. 某公司因某项工程需要筹集资金 5000 万元, 其中计划向银行长期借款 600 万元, 拟发行优先股 1200 万元, 普通股 1500 万元, 其余靠发行债券和留存收益解决。各种资金的个别资金成本分别为 5%、11%、14%、6% 和 13%。为使该公司的综合资金成本小于 10%, 试求发行债券的最小额?

第8章 工程项目的可行性研究

8.1 可行性研究的概念

可行性（Feasibility），英文含义指"可能的，行得通的，可以实现的或可以成功的"。可行性研究是关于工程项目是否可行的研究。具体来说，可行性研究是一门管理技术，通常是指在投资决策之前，决定项目在技术上、经济上是否可行所必须进行的技术经济分析论证的一种方法。它在企业投资、工程项目、技术改造、技术引进、新产品开发、课题研究等许多方面得到广泛应用。

工程项目是否可行通常需要考察三个问题：

（1）项目是否必要？

（2）项目是否能够实现？

（3）项目实现后效果如何？

所有的工程项目实施首先都有客观的需要。在当今日益复杂的技术、经济和社会环境中，有些项目表面上似乎是必要的，而实际上也许根本不存在使其成立的条件。只有在技术上可行的工程项目，才有可能实现。一个项目除了能实现，还要有良好的经济和社会效果。总之，可行性研究是指在投资决策前通过详细的调查研究，对拟建项目的必要性、可实现性及对经济和社会的有利性等方面所做的全面而系统的综合性研究。可行性研究的基本方式是调查研究。通过调查研究，可以搜集到绝大部分的数据资料。可行性研究的目的就是帮助决策者或决策部门作出正确的决策，减少或防止决策失误，从而提高投资效益，加速经济的发展。同时，可行性研究还能为银行贷款、合作者签约、工程设计等提供依据和基础资料。

8.2 可行性研究的步骤

工程项目可行性研究是一项工程项目或一项新产品开发投资决策前进行技术经济分析论证的一种科学方法，它为企业领导在组织决策方面起着指导和决断作用。随着市场经济的迅速发展，可行性研究理论不断充实、完善，并逐步形成了一套比较完整的、系统的科学研究方法。

8.2.1 可行性研究的程序

为了高质量、准时完成可行性研究报告，可行性研究一般要经过签订委托协议、组建工作小组、制定工作计划、资料收集与分析、方案比选与优化、项目方案评价、编写可行性研究报告、与委托单位交换意见等8个工作流程。

1. 签订委托协议

当项目业主单位具备条件和能力开展项目可行性研究工作时，可以自行组织项目可行性研究工作；当项目业主不具备自行开展项目可行性研究的能力时，就需要委托外单位进行此项工作。在进行可行性研究之前，可行性研究报告编制单位首先需要对项目可行性研究报告编制的工作范围、重点、深度要求、完成时间、质量要求和费用预算等方面内容与项目业主单位达成共识，并签订委托协议。该协议是可行性研究报告编制的依据之一。

2. 组建工作小组

在签订委托协议后，可行性研究报告编制单位开始组建可行性研究报告编制工作小组。为了确保可行性研究报告的总体质量，工作小组设项目负责人、总工程师、总经济师，各专业组明确 1 名负责人具体负责本专业的工作。

3. 制定工作计划

组建工作小组之后，小组项目负责人需要根据与业主达成的协议，按照可行性研究的步骤，就人员安排、工作内容、进度计划、工作条件、工作质量和经费预算等作出合理的部署，并与委托单位交换意见。

4. 资料收集与分析

各专业组根据可行性研究报告编写大纲，结合工作内容等进行实地考察和市场调查，收集整理与本可行性研究相关的资料。主要收集与项目建设、市场运营等方面有关的信息资料和数据。

5. 方案比选与优化

在资料调查与分析的基础上，提出项目建设的规模与产品、场（厂）址、技术、设备、工程、原材料供应、总图布置、公用工程与辅助工程、环境保护、组织机构设置方案、实施进度等备选方案，然后通过技术经济论证等比较优化方案，构造项目的整体推荐方案。

6. 项目方案评价

对推荐的方案进行财务评价、国民经济评价、社会评价、风险和环境评价，以判别项目的环境、经济和社会的可行性，以及项目抗风险的能力。当有关评价指标满足可行的条件时，推荐的方案通过，否则应对原方案进行调整或重新设计方案。

7. 编制可行性研究报告

项目可行性研究各专业方案，经过技术经济论证和优化后，由各专业分工编写，项目负责人根据可行性研究报告编写大纲的要求进行汇总，提出可行性研究报告初稿。

8. 与项目业主单位交换意见

可行性研究报告初稿形成后，与委托单位——项目业主交换意见，进行修改完善，最终形成正式的可行性研究报告。

8.2.2 可行性研究的依据

编制可行性研究报告一般依据以下文件和资料。

1. 项目建议书及其批复文件

项目可行性研究报告编制的主要依据是项目建议书。项目建议书是经过有关部门的批准，在投资决策前对工程建设项目的总体设想，主要论证项目建设的必要性，并对项目的可行性进行初步分析论证，提出了项目建设的建议。可行性研究确定的规模和标准原则上不应突破批复的项目建议书提出的指标。

2. 国家有关法津、法规和政策

工程项目必须在国家有关法律、法规和政策允许的范围内，如环境保护的法律与政策、国家产业发展的指导性政策文件等。因此可行性研究报告编制人员必须认真阅读并了解相关规定，使项目的建设不违背国家的有关规定。

3. 国家和地方国民经济和社会发展规划

国家和地方国民经济和社会发展规划是一个时期国民经济发展的纲领性文件，对项目建设具有指导作用，并为项目建设提供依据。另外，行业或部门发展规划同样可作为项目建设可行性研究的依据，如江河流域开发治理规划、电力电网规划、土地利用规划、城市规划等。

4. 相关技术规范、标准、定额和经济评价方法

各行业的技术规范、标准，例如港口工程项目中的《港口工程可行性研究报告编制规程》、《××码头设计与施工规范》等是工程建设项目在技术方案制定时必须考虑和遵守的规则。有些规范为"强制性规范"，必须严格遵守。有关定额，如预算定额，是进行工程投资估算和进行方案技术经济比较的依据。

国家发展和改革委员会和建设部颁布的《建设项目经济评价方法与参数》（第三版）是项目经济评价的基本依据。

5. 基础资料

基础资料是进行可行性研究报告编制的基础，是进行工程位置（厂址）选择、工程设计、技术经济分析等的依据。基础资料的内容视工程建设项目的性质而定，一般包括项目所在区域的自然、地理、水文、气象、地质、社会等方面的情况。有些基础资料必须通过专业机构现场勘探或从有关行业部门获得，如地形图的测量、地质情况勘测等。

8.2.3　可行性研究报告的内容

工程项目可行性研究报告内容包括以下方面。

1. 总论

总论是对拟建项目概况性的论述，主要包括项目提出的背景与概况、可行性研究报告编制的依据、项目建设条件、问题与建议。

2. 市场预测

包括市场调查和预测，是可行性研究的重要环节，主要内容包括市场现状调查、产品供需预测、价格预测、竞争力与营销策略、市场风险分析。

3. 资源条件分析

资源是工程建设项目的重要条件，对其进行分析的主要内容包括资源的可利用量、资源的品质情况、资源的赋存条件、资源的开发价值。

4. 建设规模与产品方案

主要内容包括建设规模与产品方案的构成、建设规模与产品方案的比较、推荐的建设规模与产品方案、技术改造项目推荐方案与原企业设施利用的合理性。

5. 厂址选择

包括厂址现状及建设条件描述、厂址方案比较、推荐厂址方案、技术改造项目厂址与原企业厂址的关系。

6. 技术设备工程方案

包括技术方案选择、主要设备方案选择、工程方案选择、技术改造项目技术设备方案与改造前方案比较。

7. 原材料、燃料供应

包括主要原材料供应方案选择和燃料供应方案选择。

8. 总图、运输方案与公用辅助设施

包括总图布置方案、厂内外运输方案、公用工程与辅助工程方案、技术改造项目与原企业设施的协作配套。

9. 节能措施

包括节能措施和能耗指标分析（技术改造项目应与原企业能耗比较）。

10. 节水措施

包括节水措施和水耗指标分析（技术改造项目应与原企业水耗比较）。

11. 环境影响评价

包括环境状况调查、影响环境因素分析、环境保护措施、技术改造项目与原企业环境状况比较。

12. 劳动安全、卫生与消防

包括危险因素和危害程度分析、安全防范措施、卫生保健措施、消防措施、技术改造项目与原企业的比较。

13. 组织机构与人力资源配置

包括组织机构设置及其适应性分析、人力资源配置和员工培训。

14. 项目实施进度

包括建设工期、实施进度安排、技术改造项目的建设与生产的衔接。

15. 投资估算

包括投资估算范围与依据、建设投资估算、流动资金估算、总投资额及分年投资计划。

16. 融资方案

包括融资组织形式选择、资本金筹措、债务资金筹措、融资方案分析。

17. 财务分析

包括财务评价基础数据与评价参数选取、销售收入与成本费用估算、编制财务评价报表、盈利能力分析、偿债能力分析、不确定性分析和财务评价结论。

18. 经济效益费用分析

包括影子价格与评价参数选取、效益与费用调整范围、效益与费用数值调整、编制经济效益费用分析报表、计算经济效益费用分析指标和评价结论。

19. 社会评价

包括项目对社会影响分析、项目所在地互适性分析、社会风险分析和社会评价结论。

20. 风险分析

包括项目主要风险、风险程度分析、防范与降低风险对比。

21. 研究结论与建议

包括推荐方案总体描述、推荐方案的优缺点描述。

8.2.4 工程项目可行性研究的具体步骤

正规工程项目的可行性研究涉及三个步骤：机会研究、初步可行性研究和技术经济可行性研究。下面具体讨论这三个步骤。

1. 机会研究

机会研究又叫机会选择，一般花 1~2 个月的时间，所付的费用占项目总投资的 0.2%~1.0%。

机会研究主要依靠估计而不是详细计算来对项目的可行性进行分析。机会研究既可以由业主自己做，也可以委托设计咨询单位做。如果委托编制机会研究，业主需要提交一份可行性研究任务书，内容包括四方面：

1) 项目名称、规模、业主（或主管与主持单位）；
2) 投资；
3) 技术水平与设备；
4) 其他要求。

在任务书中，业主要明确提供以下数据：建设工程项目投资控制的低限与高限、投产以后包括折旧在内的生产费用指标、销售费用与利税情况、贷款利息情况、产品上市价格、时间参数（例如所要求的建设开工期、投产时间、经济使用年限等）。

机会研究既要定性，也要定量。在定量方面，其工程项目的基础数据估算允许误差为 ±30%。机会研究应当从客观事实出发，通过调研、分析，进行论证，用客观事实说明此项目是否可取。如果不可取，哪怕是业主执意要上，也不能投其所好，勉强地得出结论。正因为机会研究是从客观事实出发的，所以业主应当尽可能排除主观意愿，认真地研究机会研究的结论。

当报告认为工程项目不可行时，业主最好按报告的结论办。如果执意要上此项目，业主应当提出理由和问题，放到工程项目的初步可行性研究中继续进行研究。即使报告认为可行，也不能据以抉择，而要继续进行初步可行性研究。这就是说，机会研究的抉择意义仅在于：帮助业主初步选择工程项目的投资机会，而不能作为抉择的最后依据。

2. 初步可行性研究

初步可行性研究又称预可行性研究，一般是对机会研究所肯定的投资机会深入进行研究工作；只有在业主要求的情况下，才对机会研究所否定的投资机会进行复查。在这个阶段要回答两个问题，即还有哪些关键问题需要做辅助研究和是否值得进行下一步可行性研究。在国外，初步可行性研究需要花 4~6 个月时间，所付费用占项目总投资的 0.25%~1.25%。初步可行性研究在定量研究方面的精度有所提高，估算误差为 ±20%。

初步可行性研究的特点是针对难以抉择的问题进行专题研究。例如，在上马生产项目时，需做的工作是：产品供需情况的研究；产品生产方案与建设规模的研究；原料、燃料动力供应条件的研究；当地自然经济、社会生活和水、电、矿产资源、交通条件的研究；环境保护条件的研究；投资工程项目实施进度、建设周期、投产时间的研究；管理机构、人员来源、工资、培训等问题研究；工程项目的建设费用、生产费用的研究、投资效果的综合评价研究等等。初步可行性研究必须基于专题研究对机会研究所作出的结论进行肯定或否定。

初步可行性研究虽然能帮助业主解决抉择中的疑难问题，但它还不够全面，因而也不能作为抉择的最后依据。当然，对一些中、小型项目而言，当初步可行性研究揭示投资的利润很大、风险不大时，便可在初步可行性研究所得结果的基础上增补一些工作，就作出投资决策，不再进行可行性研究。

3. 技术经济可行性研究

技术经济可行性研究是科学抉择的最后依据，它是确定一个投资项目是否可行的最终研究阶段。技术经济可行性研究在初步可行性研究的基础上进行，其特点是：全面、细致、深入，并与规划和设计有交叉。在国外，这项工作所花的时间较长：中小型项目半年左右，大项目多达 $1 \sim 2$ 年。技术经济可行性研究的付费：小项目占总投资的 $1\% \sim 3\%$，大项目占总投资的 $0.2\% \sim 1.0\%$。技术经济可行性研究以定量研究为主，其估算误差为 $\pm 10\%$。例如，民用建筑（如房产开发），只有深入到详细规划与初步设计，才能作出投入产出和动态经济分析。又如，工业项目，一方面是一般性论证，包括产品构成、生产方法、生产规模、原料来源、投资额、还本付息年限、生产成本等；另一方面则是深入到详细规划与初步设计，并由此提出以下四个方面的结果。

（1）工程项目产品需求量的确定

通过市场调查与分析取得数据，然后选择趋势法、消费水平法以及使用回归模型等方法作出预测。

（2）工程项目经济规模的确定

根据产品从产生到淘汰的规律，联系投入量方面的不变量与变量来进行考虑，说明在一段时期，项目达到一种什么规模。

（3）工程项目成本与投资估算

（4）工程项目经济分析与利润预测

技术经济可行性研究报告要回答以下问题：拟建工程项目的必要性与经济意义；产品品种规格、不同生产方法、规模的经济指标；投资额；建造地点的经济特征；最佳时间值，包括兴建、投产、进度的经济依据；适宜的主管、主持单位；重要技术经济措施；可能出现的经济问题与建议；现金流量计算与项目的盈利性分析等。所以，技术经济可行性研究的抉择意义在于帮助业主最终抉择。

8.3 现代工程项目可行性研究的要求及对策

可行性研究及其相关领域的工程咨询，是咨询工程师的核心业务之一。现代市场经济体制将对我国的投资项目可行性研究及其相关的工程咨询业务产生极其深刻的影响。投资体制改革及市场经济体制的完善对可行性研究的新要求主要体现在以下方面：

1. 对可行性研究的思路和观念将产生重大冲击

新的投资体制强调"谁投资，谁决策，谁承担风险"。随着审批制度的改革及风险责任追踪约束机制的建立和完善，可行性研究成为专业人员的技术专家行为。

2. 突出市场分析的重要性

市场经济体制要求市场能够对资源配置起基础性作用。项目投资是资源配置的基本形式，可行性研究的主要目的就是确保经济资源得到有效配置，这就要求市场分析在可行性研究中占有突出的重要地位。项目目标和功能定位、目标市场的选择、竞争力分析，投资模式及融资方案的制定，各种分析数据及评价指标的确定，都应基于市场分析，注重国际、国内市场的融合和相互影响，加强市场风险分析。

3. 强调方案比选和优化在可行性研究中的重要地位

投资项目可行性研究的过程，就是通过不断进行各种局部方案和整体方案的比选，淘汰不可行方案，最终选择确定最优方案的过程。因此，没有多方案的比较和优化，就没有真正的可行性研究。可行性研究报告的各个部分都要对相应的局部方案进行比选和技术经济论证，为投资者决策提供比选和思考的余地。同时强调在局部方案比选的基础上，还要特别重视项目总体方案的比选和方案优化。

4. 强调风险分析的重要性

与"可行性"相对应的概念，就是"不可行"，"不可行"就意味着风险较大。可行性研究就是通过不断地识别项目可能存在的各种风险因素，寻找能够规避各种风险的项目方案，确保项目具有可行性的过程。风险分析应贯穿于可行性研究的各个环节和整个过程。通过可行性研究来预测、预报和预警项目存在的潜在风险因素和风险程度及其危害，提出规避各种风险的对策措施，对建立和健全风险决策机制，为项目全过程风险管理奠定基础，都将发生重要作用。

5. 重视融资方案分析

为适应融资主体多元化、融资渠道多样化、融资方式复杂化的需要，可行性研究必须重视融资方案的分析论证，要求对投资项目的资金筹措应进行资金结构分析、融资成本与风险分析，以及融资方案的比选和择优，以便为投资项目寻求融资渠道合理、融资成本较低、融资风险较小的融资方案。对于政府投资的项目，要分析论证政府介入的必要性，介入的途径和方式，是否还有更好的替代方案等等。

6. 政府投资项目重视公共理财的分析

我国各级政府投资管理部门及其附属机构如何从传统的公共设施、基础产业投资领域退出，政府与企业如何建立双赢的理财模式；如何分析项目投资对政府公共财政的影响，都将成为可行性研究报告的新内容。在投资方案的策划分析中，还应关注政府应该扮演什么角色，什么职能应该交由市场去完成，公益性项目的代建制方案如何制定和实施等一系列在过去的可行性研究报告中从来没有涉及的问题。

7. 企业投资项目强调从企业理财的角度进行财务分析

企业投资的目的就是要追求企业价值和股东权益最大化，因此必须从企业理财的角度对自身投资的项目进行科学论证。这就要求必须改变过去将"项目"与"企业"相互分割的做法，财务分析的重点将转变为从企业理财的角度，如何设计理想的投资模式和融资方案，实现企业理财目标，因此财务分析的内容和方法将发生重大调整。

8. 政府投资项目和政府核准的企业投资项目，将重视外部性分析

政府投资管理部门为了履行公共管理职能，在项目投资活动中切实贯彻科学的发展观，必须重视对涉及公共利益、资源环境、经济安全等重大问题的核准。这就要求必须适应现代社会追求多元利益主体社会福利最大化的要求，从全社会的角度分析相关社会成员的经济利益和风险损失；利用费用效果分析或经济费用效益流量分析等方法，对项目投资的外部性进行恰当的经济分析，为政府投资管理部门核准项目提供科学依据，为追求投资项目的公众利益最大化提供保障。

9. 重视与可持续发展相关的分析

中国人口众多，资源短缺，生态脆弱，在发展过程中要倍加尊重自然规律，充分考虑资源和生态环境的承载能力，不断加强生态建设和环境保护，合理开发和节约使用各种自然资源，努力建设低投入、少排污、可循环的节约型社会，促进人与自然的和谐，实现可持续发展。这就要求不仅强调项目方案的选择要重视节能、节水等方面的论证，尤其要重视环境影响评价，不仅要论述环境保护及污染治理，而且特别强调从源头上防止或减轻污染，强调清洁生产。

思 考 题

1. 为什么要进行工程项目的可行性研究?
2. 简述我国工程项目的建设程序。
3. 工程可行性研究的作用有哪些?
4. 简述工程可行性研究报告的主要内容。
5. 工程项目可行性研究的具体步骤有哪些? 各步骤的重点是什么?

第9章 工程项目管理

9.1 概 述

9.1.1 项目与工程项目

1. 项目

项目是在一定的约束条件下具有特定目标的一次性任务。通常有明确的目标，具有数量、功能和质量标准，以及所规定的时间限制和费用限制。项目可以是一项工程，也可以是完成某项科研课题。

2. 工程项目

工程项目按专业分为建筑工程、公路工程、水电工程项目等，按不同管理者划分为建设项目、设计项目、工程咨询项目和施工项目等。工程项目都具有特定的对象，有时间限制、质量限制、资金限制和经济性要求，同时都是一次性不重复的，具有特殊的组织和法律条件，也具有规模大、范围广、投资大及复杂性等特点。

9.1.2 项目管理与工程项目管理

1. 项目管理

对项目的策划、规划、组织、控制、协调、监督等活动的过程总称为项目管理。每个项目的管理都有自己特定的管理程序和管理步骤，以项目经理为中心，使用现代管理方法和手段，实施动态管理。项目管理实施过程的各种相关程序和工作流程见图9-1。

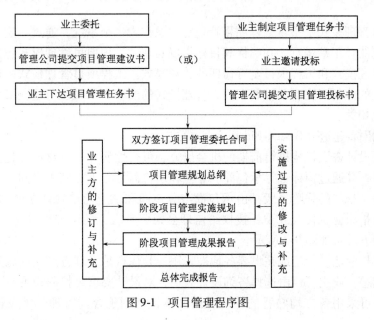

图 9-1 项目管理程序图

2. 工程项目管理

工程项目管理是以实现工程项目目标为目的，对工程项目进行高效率的计划、组织、协调、指挥、控制的系统管理活动。工程项目管理可分为建设全过程管理和阶段性管理两类。工程项目管理的特点是具有明确的目标和责任，工程项目管理涉及项目发展周期中从项目选择、论证、决策，到项目设计、招标投标、建筑安装，一直到项目运营和后评价的全过程，技术和内容十分复杂。鉴于工程项目的一次性和固定性，工程施工受气候、水文、地质等自然条件影响较大，因而工程项目的管理具有复杂性。

9.1.3　工程项目的主要参与方

工程项目主要涉及的参与方有政府、业主方、承包商、监理公司、金融机构等。

政府主要是负责监督参与项目建设的各方，督促其严格按照中央政府、地方政府制定的法律、法规以及质量标准、安全规范进行工程建设。

业主作为工程项目的发起人，负责提出项目设想，作出投资决策；筹措项目所需的全部资金；选定监理公司；按合同规定的条件向承包商支付工程费用等。

承包商指承担工程施工及采购工作的团体、公司、个人或者他们的联合体。大型工程承包公司在工程项目建设过程中可作为总承包商与业主签订施工总承包合同，承担整个工程项目的施工任务。总承包商既可以自行完成全部的工程施工，也可以把其中的某些部分分包给其他分包商。

监理公司是具有独立法人地位的经营实体，其基本业务是向客户提供有偿的专业咨询服务。与设备制造、材料供应厂商和施工承包商之间除了执行合同时的约束之外，没有任何隶属关系。

金融机构指以银行为代表的为工程项目提供贷款的所有金融机构，对工程项目的管理主要是涉及资金的投入与回收，通过对项目资金的投入控制实现对项目的管理。

9.2　工程项目管理模式

工程项目管理模式是指将工程项目管理的对象作为一个系统，通过一定的组织和管理方式，使系统能够正常运行，并确保其目标得以实现。工程项目管理模式包括工程项目建设全过程的管理模式和工程项目全寿命期的管理模式。工程项目管理模式的选用与现行的工程项目管理的体制、法制和机制有关，管理模式的改革和发展也与这些宏观环境、条件的改革和变化相关。

1. 设计-招标-建造（Design-Bid-Build）模式

业主委托设计咨询机构进行前期的机会研究、可行性研究等，立项后进行设计，准备施工招标文件，并通过招标选择承包商。业主和承包商订立工程施工合同，有关工程部位的分包和设备、材料的采购一般都由承包商与分包商和供应商单独订立合同并组织实施。业主单位一般指派业主代表或委托授权给监理公司负责有关的工程项目管理和协调工作。这种模式的各方关系如图9-2所示。

这种模式长期地、广泛地在世界各地被采用，其优点是管理方法比较成熟，各方对有关程序都很熟悉；业主可自由选择咨询设计人员，对设计要求可控制；可自由选择监理公司监理工程；可采用各方均熟悉的标准合同文本，有利于合同管理、风险管理和节约投资。缺点是工程项目周期较长；业主管理费较高，前期投入较高；变更时容易引起较多的索赔。

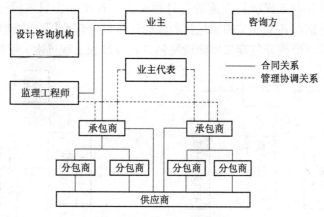

图 9-2　设计招标建造模式

世界银行、亚洲开发银行贷款工程项目和采用国际咨询工程师联合会（FIDIC）的合同条件的工程项目均采用这种模式。

2. 设计-建造（Design-Build）模式

设计-建造模式中，业主方选择专业咨询公司代为拟定工程项目的基本要求，授权专业管理专家为业主代表与设计-建造总承包商联系。在选择总承包商时可采用公开竞争性招标办法及邀请招标方式。这种模式的各方关系见图 9-3。

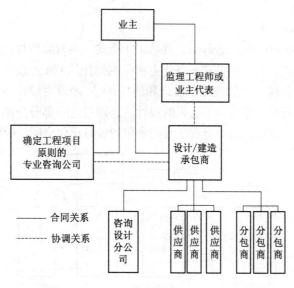

图 9-3　设计建造模式

设计-建造模式可以对分包采用阶段发包方式，其优点是工程项目可以早投产；业主可以节约包干报价费用和减少工期。缺点是业主无法参与设计人员的选择，对最终设计和细节的控制能力降低。

3. 设计-管理（Design-Manage）模式

设计-管理模式是指由同一实体向业主提供设计和施工管理服务。设计-管理模式的实现可以有两种形式，一种是业主与设计-管理公司和施工总承包商分别签订合同，由设计-管理公司负责设计并对工程项目实施进行管理；另一种是业主只与设计-管理公司签订合同，由设计公司分别与各个单独的承包商和供应商签订分包合同，由他们施工和供货。这种方式也常常对承包商或分包商采用阶段发包方式以加快工程进度。见图9-4。

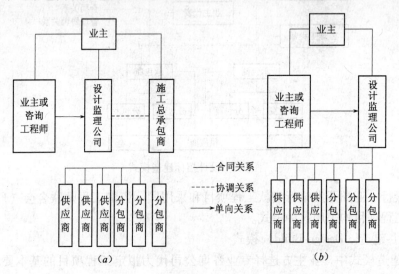

图9-4　设计管理模式的两种实现形式
(*a*) 形式一；(*b*) 形式二

4. 建设管理（CM）模式

建设管理（ConstructionManagement）简称 CM 模式，采取阶段性发包方式，又称阶段发包方式或快速轨道方式。在这种模式下，业主和业主委托的 CM 经理与建筑师组成一个联合小组共同负责组织和管理工程的规划、设计和施工，CM 经理对设计的管理起协调作用。随着设计工作的进展，完成一部分分部工程的设计后，即对这一部分分部工程进行招标，发包给一家承包商，由业主直接就每个分部工程与承包商签订承包合同。CM 模式见图9-5。

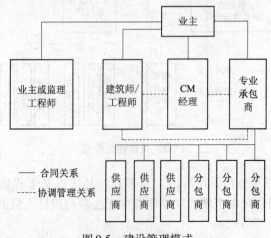

图9-5　建设管理模式

这种模式可以缩短工程从规划、设计到竣工的周期，节约建设投资，减少投资风险，可以比较早地取得收益。整个工程可以提前投产，减少了由于通货膨胀等不利因素造成的影响。其缺点是分部招标导致承包费用较高，CM 经理不对进度和成本作出保证；可能索赔与变更的费用较高，业主方风险很大，任务较重。

CM 模式适用于设计变更可能性较大的建设工程、因总的范围和规模不确定而无法准确定价的建设工程。应用 CM 模式需要有具备丰富施工经验的高水平的 CM 单位。

5. PFI 模式

PFI（Private Finance Initiative）指应用民间资本进行公共项目的开发建设，其基本的运作原理是政府制定公共项目的建设规划并据以确定 PFI 项目，选定相应项目的事业主体（SPC），审查其开发建设方案，对项目实施过程进行监督并提供必要的服务。由出资人及合伙人结成的事业主体是该项目法定的开发建设者和经营者，他们在合同期内通过营业收入返还银行贷款本息，收回投资并获得盈利。合同期满后，则向政府（或业主）办理移交手续。PFI 模式见图 9-6。

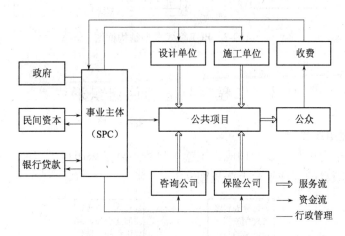

图 9-6　PFI 模式

PFI 项目运作方式灵活，如 BOT（Build-Operate-Transfer）、BOO（Build-Own-Operate）等，可以在改变或不改变项目所有权的条件下，以较低的成本加快项目的建设速度。PFI 项目具有可靠的收入来源，项目融资比较容易。

PFI 运用形式主要有 BOT、BTO（Build-Transfer-Operate）、TOT（Transfer-Operate-Transfer）、BOOT（Build-Own-Operate-Transfer）和 BOO。其中 BOT 即建造-经营-移交，在这种模式下，政府开放本国基础设施和运营市场，吸收国内外资金，授给工程项目以特许权，由该公司负责融资和组织建设，建成后负责运营及偿还贷款，在特许期满时将工程移交给政府；目前在世界上许多国家采用 BOT 方式。BOT 模式的典型结构框架见图 9-7。

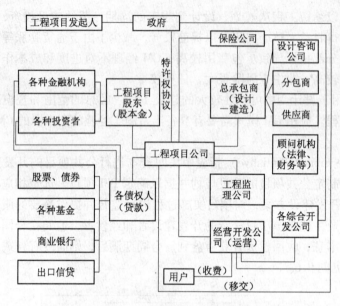

图 9-7　BOT 模式典型结构框图

9.3　工程项目管理的组织形式

9.3.1　项目管理组织要素

项目管理的平台由四大要素构成，工程项目管理就是运用科学手段把这些要素有效地组织到一个工程项目的管理平台上。见图 9-8。

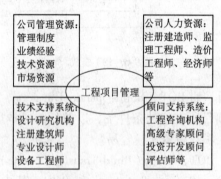

图 9-8　工程项目管理组织要素

1. 公司类型

工程项目管理企业组织体制通常采用有限责任公司或合伙公司的形式。有限责任公司的股东以出资额为限对公司债务承担有限责任，合伙公司的合伙人对公司债务承担无限连带责任。承担无限责任对客户是一种信誉担保，从这点上讲，合伙制比有限责任制更具竞争力。

2. 人力资源

工程建设管理涉及的知识面、专业面和社会面都比较广，需要高智能的复合型管理人才、各类专业技术人才、建筑经济类人才和信息处理与系统分析人才。

3. 技术支持

项目实施的首要环节是项目策划、规划设计以及设备设施配置，它关系到对工程建设的资源安排、使用功能和投资效益，因此，项目管理公司最好本身具有设计能力或者是在工程设计院的基础上组建。

4. 顾问支持

工程项目管理需要强有力的顾问支持系统，特别是项目的初期研究与分析策划。同时，在建设项目实施过程中，还要根据不同的情况和条件变化及时作出相应的对策与调整，为业主提供全过程的技术服务。

9.3.2　组织结构

工程项目管理组织结构的基本形式可以分成职能式、线性式和矩阵式。

1. 职能式

职能式是工程项目中应用最为广泛的一种模式，通常由公司按不同行业分成各项目部，项目部内又分成专业处，公司的咨询项目按专业不同分给相对应的专业部门和专业处来完成。

职能式组织结构的优点是可以在本部门工作与项目工作任务的平衡中去安排力量，当项目团队中的某一成员因故不能参加时，其所在的职能部门可以重新安排人员予以补充。当项目全部由某一职能部门负责时，在项目的人员管理与使用上变得更为简单，使之具有更大的灵活性。项目团队的成员由同一部门的专业人员作技术支撑，有利于提高项目的专业技术问题的解决水平。但是对于参与多个项目的职能部门，特别是具体到个人来说，不易于安排好各项目之间力量投入的比例，不利于不同职能部门的团队成员之间的交流，项目的发展空间容易受到限制。

2. 线性式

线性组织结构来自于指令逐级下达的军事组织系统。在线性组织结构中，每一个工作部门只能对其直接的下属部门下达工作指令，每一个工作部门也只有一个直接的上级部门，因此，每一个工作部门只有唯一一个指令源，避免了由于矛盾的指令而影响组织系统的运行。

在工程项目管理中，由于建设项目的参与单位很多，在项目实施过程中矛盾的指令会给工程项目目标的实现造成很大的影响，通常采用线性组织结构模式，以确保工作指令的唯一性。但在一个较大的组织系统中，由于线性组织结构模式的指令路径过长，有可能会造成组织系统在一定程度上运行的困难。

3. 矩阵式

矩阵式项目组织结构中，参加项目的人员由各职能部门负责人安排，而这些人员的工作在项目工作期间，项目工作内容上服从项目团队的安排，人员不独立于职能部门之外，是一种暂时的，半松散的组织形式，项目团队成员之间的沟通不需通过其职能部门领导，项目经理往往直接向公司领导汇报工作。

矩阵式组织结构中，团队的工作目标与任务较明确，有专人负责项目的工作，各职能部门可根据自己部门的资源与任务情况来调整、安排资源力量，提高资源利用率，减少了工作层次与决策环节，在一定程度上避免资源的囤积与浪费。矩阵式组织结构的缺点是项目管理权力平衡困难，信息回路比较复杂，项目成员处于多头领导状态。

9.4 工程项目各阶段的管理

9.4.1 建设前期与施工准备阶段项目管理

1. 报建工作

建设报建主要是为工程项目申领合法证件和办理合法手续，经各有关行政主管部门申报审批，确保项目建成使用后的安全、科学、合理、协调，以便主管部门在全面掌握该项目的前提下能够及时依法进行跟踪管理，同时建立项目备案，作为城市建设的重要历史资料和城市档案的重要内容。

（1）报建工作内容

按照国家相关规定及建设程序，工程建设需报建审查的主要内容包括7个项目，见表9-1。

工程建设报建内容一览表 表9-1

	审　批　项　目	所　需　主　要　资　料
1	项目建议书或预可研报告	规划意见书
2	可研报告审查	可行性研究报告、方案设计审查/规划意见书、政府投资评估、项目建议书
3	初设审查	可研报告（批准）、设计方案（审定）、环评报告、市政配套审查文件
4	建设用地规划许可证	项目建议书（批准）或预可研报告批准文件
5	建设工程规划许可证	分年度施工计划、设计方案（审定）、施工图纸
6	施工图审查	建设工程规划许可证、初设文件（审定）、立项文件、消防、人防、抗震、节能等专项（审批）、基础详勘
7	工程项目施工许可证	建设用地许可证、建设工程规划许可证、施工承包合同、施工图审查通知书、监理合同等

（2）审批流程

根据报建审批项目在内容影响上的相互关系和审批时间上的前后顺序，编制报建审批工作流程及时间控制要求，见图9-9。

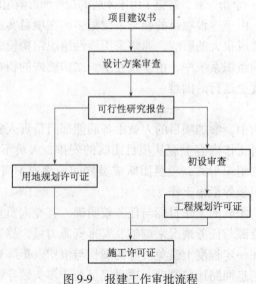

图9-9 报建工作审批流程

2. 规划设计管理

通过规划设计对工程进行质量、进度、投资三方面的控制，使工程设计能正确处理技术与经济的对立统一关系，更好地满足业主所需的功能和使用要求，充分发挥工程项目投资的经济效益，以使设计人保质、保量、按时提供设计图纸文件。见图9-10。

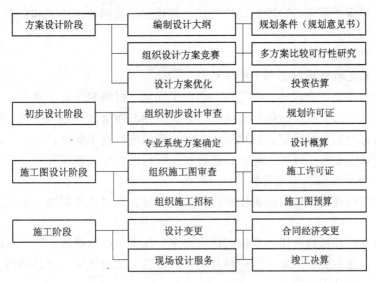

图 9-10 设计管理业务流程

（1）方案设计阶段

①协助业主编写设计竞赛文件要求和说明。

②协助业主组织设计竞赛方案的审查工作，提出有关适用、安全、技术、经济、美观等原则的优选意见。

③协助业主参与设计人（含勘察单位）的选择和设计合同的拟定与洽商。

④对选中的设计方案提出优化意见，对结构体系、设备系统、主体关键机电设备的选定提出优化意见。

（2）初步设计阶段

①核查设计文件（包括工程概算）是否贯彻和体现设计方案审查意见的技术、经济等原则要求，并进行跟踪管理。

②核查设计深度和进度，以及有关质量、进度的保证措施，并进行跟踪管理。

③协助业主对初步设计文件组织专家会审（或报送主管部门进行审批）。

④着重从工程所采用的技术方案是否符合总体方案的要求，以及是否达到项目决策阶段确定的质量标准进行设计图纸的审核。

（3）施工图设计阶段

①核查施工图设计是否根据已批准的初步设计进行深化。

②核查施工图设计的深度能否满足施工要求。

③审查施工图中的建筑物、设备、管线等工程对象物的尺寸、布置、选用材料、构造、相互关系、施工及安装质量要求和说明，重点审核使用功能及质量要求是否得到满足。

（4）施工阶段的管理

①组织设计交底。

②当图纸存在问题时，责成设计人进行修改。

③督促设计人员参与必要的现场指导及检查验收工作。

④收集、整理、审查各阶段的设计文件，并建立相关的技术档案和资料库，随时向各方提供技术支持。

⑤督促各种设计变更的落实。

⑥协助审核工程概预算书和工程决算书。

⑦审核设计变更的合理性、必要性，包括工作量、材料和设备变更等。

⑧督促设计人对质量事故的危害性进行分析，参与质量事故原因分析、质量事故处理及缺陷补救方案与措施的确定，或对处理方案、措施进行技术鉴定。

⑨督促设计人参与工程竣工验收，进行竣工资料的收集、整理和向业主移交。

（5）需向设计提供的相关资料

①设计所需的建设场地的勘测任务包括地形测量、自然条件观测、岩土工程勘察和水文地质勘察。

②协助业主将外部条件协作单位的供应协定、技术条件取得后，转交给设计人。

外部协作条件主要有征地、原材料及燃料的供应、动力供应、通信网络、疏散运输条件、配套设施、辅助设施等。

3. 招标管理

（1）招标组织机构

为提高招标工作效率，保证招标工作质量，组成专门的招标组织机构。该机构由三个层次组成。

①决策层。由业主和项目管理机构主要负责人组成。

②协调管理层。由项目管理机构负责。

③实施层。由招标代理机构负责招标的主要工作。

（2）招标范围和项目施工招标分标策略

根据《招标投标法》，在我国境内进行下列工程建设项目包括项目的勘察、设计、施工、监理以及与工程建设有关的重要设备、材料等的采购，必须进行招标：

①大型基础设施、公用事业等关系社会公共利益、公众安全的项目；

②全部或者部分使用国有资金投资或者国家融资的项目；

③使用国际组织或者外国政府贷款、援助资金的项目。

项目分标工作应结合项目特点进行，除土建结构工程应由总包负责完成外，其他专业工程应合理安排，分别组织具有相应优势的专业公司进行施工。为减少施工过程中的衔接，应科学界定业主指定专业分包单位与总包单位的工作界面，给予总包单位一定的协调权限和协调费用。

（3）设计招标

为取得与项目建设周边环境相协调、主题鲜明、风格独特的设计方案，设计招标目前一般采取方案竞赛方式进行，并在方案比选的基础上，经过商务合同谈判确定设计单位，签订设计合同。

（4）工程监理招标

工程建设监理招标一般以公开招标或邀请招标的方式面向国内具有大型公用工程建设监理经验和一定资质的监理或咨询公司进行招标。

为使施工监理工作更好地开展，监理招标工作应提前进行，一般应在总包招标和现场施工准备工作开始前确定监理单位，以便监理提前进场熟悉和了解工程设计与施工招投标的有关情况，并参与相关工作。

4. 施工准备阶段管理

施工准备阶段主要检查、监督、落实是否具备开工和连续施工的基本条件，以便项目的建设能以预期目标进行和完成。根据内容不同，分为施工组织准备管理、施工技术准备管理、施工现场准备管理及施工物资准备管理。

（1）组织准备

检查承包人、监理人等组织机构落实情况。审查承包人选择的分包单位的资质。组织承包人进场。

（2）技术准备

审查施工组织设计。检查质量安全教育培训工作。审查施工图预算。

（3）施工现场准备

做好施工现场的补充勘探及测量放线。在完成征地拆迁后，督促和检查建设场地"五通一平"（即通路、通电、通水、通信、通气和场地平整）工作。对施工临时设施进行平面布置规划，报有关部门审批。落实施工安全、文明施工与环保措施。

（4）物资设备准备

建筑材料、施工机具和永久设备等物资设备准备，均应在工程开工之前落实，并安排开工必备的材料、机具先期进场。

9.4.2 建设实施阶段项目管理

建设实施阶段是项目决策的实施、建成投产发挥效益的关键环节，本阶段项目管理的难度最大，是项目管理的重点阶段。

1. 进度控制

对于工程规模大、专业多、工艺复杂、施工进度协调难度大的项目，为使工程建设有序进行、按期完成，必须制定进度控制措施和计划管理办法。

工程项目进度控制是指在实现建设项目总目标的过程中，为使工程建设的实际进度符合项目进度计划的要求，使项目按计划要求的时间完成而开展的有关监督管理活动。工程项目进度控制是对工程项目从策划与决策开始，经设计与施工，直至竣工验收交付使用为止的全过程控制。

2. 质量控制

工程项目质量控制是指在力求实现建设项目总目标的过程中，为满足项目总体质量要求所开展的有关监督管理活动。工程项目的质量目标是指对工程项目实体、功能和使用价值以及参与工程建设的有关各方工作质量的要求或需求的标准和水平，也就是对项目符合有关法律、法规、规范、标准程度和满足业主要求程度作出的明确规定。

3. 投资控制

工程项目投资控制是指在整个项目的实施阶段开展管理活动，力求使项目在满足质量和进度要求的前提下，实现项目实际投资不超过计划投资。

工程项目投资控制应当与工程项目质量控制和进度控制同时进行。项目管理人员在对工程投资目标进行确定或论证时，应当综合考虑整个目标系统的协调和统一，不仅要使投资目标满足业主的需求，还要使质量目标和进度目标也能满足业主的要求。这就需要在确定项目目标系统时认真分析业主对项目的整体需求，反复协调工程质量、进度和投资三大目标之间的关系，力求实现三大目标的最佳匹配。

4. 安全管理

安全管理是对施工现场的安全相关信息进行登记和维护，通过建立参建各方完善的安全管理责任体系，强化安全教育、加强安全检查与监督等一系列安全措施，保证生产的安全、有序进行，从而高质量地实现安全管理的目标。

5. 合同管理

通过对施工承包合同、监理合同、设计合同、供应合同等的有效管理，保证工程建设三大控制目标的实现，使整个工程在预定的投资和工期范围内完成并达到预定的质量和功能。

6. 物资设备管理

工程使用的物资、设备质量的好坏和价格的高低，以及能否按期供应，是保证工程施工连续、保障生产正常的重要条件，是降低工程成本的重要途径。物资、设备管理通过编制周密的计划并采用科学的管理方法，建立生产和供应保证体系，按照物资、设备需求计划，适时、适地、保质、保量地供应物资和设备。

7. 信息与文档管理

通过对数据和信息进行收集、处理、存储和分析，并合理、灵活、高效地加以管理和利用，便于项目管理人员作出正确的管理决策。文档是工程信息的一个重要载体。通过控制文档接收、签发、传递和归档的文件流使之为项目提供有效的决策和支持服务，确保项目文档资料的完整性和可靠性。

8. 风险管理

风险管理是识别、度量和评价、制定、选择和实施风险处理方案，从而达到风险控制目的的过程。项目建设是一项复杂的活动，存在很多不确定性因素，如设计、施工等技术因素，组织协调、合同、人员、材料、设备等非技术因素，给工程建设带来风险，须通过对这些风险进行管理，最大限度地控制其对工程建设带来的影响。

9. 组织协调

组织协调主要是排除障碍、解决矛盾、保证项目目标的顺利实现。除内部关系协调以外，与外部关系的协调主要涉及人际关系、组织关系、供求关系、协作配合关系和约束关系等。为了保证控制目标的顺利实现，必须处理好与业主、设计人、监理人、承包人等之间的关系。

9.4.3 竣工验收阶段项目管理

竣工验收是项目建设的最后一个环节，是工程项目从投资实施到交付运营的衔接转换阶段，是投资建设成果转入运营使用的重要标志，也是全面考核工程建设投资和质量的关键环节。竣工验收阶段工作包括工程项目的竣工验收及工程资料的移交、验收遗留问题的处理和交工后服务、竣工结算以及竣工决算等工作。

1. 工程项目竣工验收

成立由业主牵头、参建各方负责人参加的项目竣工验收领导小组，负责本工程项目竣工验收各项准备工作的总组织和协调，其中项目管理机构负责领导小组的具体组织工作。

1）督促监理和承包人组建强有力的验收组织机构。

2）制定项目竣工验收管理办法。

3）制定档案归档办法。

4）督促监理和承包人做好现场施工项目的收尾工作。

5）督促监理和承包人做好单元工程验收和质量评定等资料的收集和整理工作，在此基础上由监理组织逐步进行分项工程、分部工程、单位工程的验收和现场检查工作。

6）积极配合验收委员会做好竣工验收工作。

7）做好工程技术档案资料的收集、整理和保管工作，竣工验收结束后及时办理相关移交手续。

8）配合做好对工程固定资产的清查与核定。

2. 验收遗留问题的处理和交工后服务

1）对所有遗留问题，本着负责到底的精神，实事求是地、妥善地处理和解决。

2）根据验收时确定的遗留问题清单及相应处理措施，制定详细的处理计划，并督促落实。

3）积极配合业主和运营人进行试运行的调试、准备和人员培训等工作。

4）关于项目交工后的服务，根据工程承建合同的有关规定，制定工程回访和保修的实施细则，明确其内容、处理方式及时间安排等。

3. 竣工结算和竣工决算

在工程竣工验收之后，督促监理尽快组织承包人进行竣工结算报告的编制，并在监理审查的基础上进行审核，协助业主审定。

收集和整理竣工决算编制所需的基础资料，协助业主完成竣工决算的编制。

思 考 题

1. 简述项目与工程项目的区别。

2. 工程项目的管理模式主要有哪几种？

3. 简述工程项目管理组织结构的主要形式。

4. 工程建设需报建审查的主要内容有哪些？各项目所需的主要资料是什么？

5. 简述报建审批项目的主要流程。

6. 工程项目规划设计分哪几个阶段？各阶段的主要工作是什么？

7. 工程项目建设实施阶段项目管理的主要工作有哪些？

8. 简述工程项目竣工验收阶段项目管理的主要工作。

附录 复利系数表

	1% 复 利 因 子					
	一 次 支 付			等 额 多 次 支 付		
N	F/P	P/F	F/A	P/A	A/F	A/P
1	1.0100	0.9901	1.0000	0.9901	1.0000	1.0100
2	1.0201	0.9803	2.0100	1.9704	0.4975	0.5075
3	1.0303	0.9706	3.0301	2.9410	0.3300	0.3400
4	1.0406	0.9610	4.0604	3.9020	0.2463	0.2563
5	1.0510	0.9515	5.1010	4.8534	0.1960	0.2060
6	1.0615	0.9420	6.1520	5.7955	0.1625	0.1725
7	1.0721	0.9327	7.2135	6.7282	0.1386	0.1486
8	1.0829	0.9235	8.2857	7.6517	0.1207	0.1307
9	1.0937	0.9143	9.3685	8.5660	0.1067	0.1167
10	1.1046	0.9053	10.4622	9.4713	0.0956	0.1056
11	1.1157	0.8963	11.5668	10.3676	0.0865	0.0965
12	1.1268	0.8874	12.6825	11.2551	0.0788	0.0888
13	1.1381	0.8787	13.8093	12.1337	0.0724	0.0824
14	1.1495	0.8700	14.9474	13.0037	0.0669	0.0769
15	1.1610	0.8613	16.0969	13.8651	0.0621	0.0721
16	1.1726	0.8528	17.2579	14.7179	0.0579	0.0679
17	1.1843	0.8444	18.4304	15.5623	0.0543	0.0643
18	1.1961	0.8360	19.6147	16.3983	0.0510	0.0610
19	1.2081	0.8277	20.8109	17.2260	0.0481	0.0581
20	1.2202	0.8195	22.0190	18.0456	0.0454	0.0554
21	1.2324	0.8114	23.2392	18.8570	0.0430	0.0530
22	1.2447	0.8034	24.4716	19.6604	0.0409	0.0509
23	1.2572	0.7954	25.7163	20.4558	0.0389	0.0489
24	1.2697	0.7876	26.9735	21.2434	0.0371	0.0471
25	1.2824	0.7798	28.2432	22.0232	0.0354	0.0454
26	1.2953	0.7720	29.5256	22.7952	0.0339	0.0439
27	1.3082	0.7644	30.8209	23.5596	0.0324	0.0424
28	1.3213	0.7568	32.1291	24.3164	0.0311	0.0411
29	1.3345	0.7493	33.4504	25.0658	0.0299	0.0399
30	1.3478	0.7419	34.7849	25.8077	0.0287	0.0387
31	1.3613	0.7346	36.1327	26.5423	0.0277	0.0377
32	1.3749	0.7273	37.4941	27.2696	0.0267	0.0367
33	1.3887	0.7201	38.8690	27.9897	0.0257	0.0357
34	1.4026	0.7130	40.2577	28.7027	0.0248	0.0348
35	1.4166	0.7059	41.6603	29.4086	0.0240	0.0340
∞				100.0000		0.0100

			2%　　复　利　因　子			
	一　次　支　付			等　额　多　次　支　付		
N	F/P	P/F	F/A	P/A	A/F	A/P
1	1.0200	0.9804	1.0000	0.9804	1.0000	1.0200
2	1.0404	0.9612	2.0200	1.9416	0.4950	0.5150
3	1.0612	0.9423	3.0604	2.8839	0.3268	0.3468
4	1.0824	0.9238	4.1216	3.8077	0.2426	0.2626
5	1.1041	0.9057	5.2040	4.7135	0.1922	0.2122
6	1.1262	0.8880	6.3081	5.6014	0.1585	0.1785
7	1.1487	0.8706	7.4343	6.4720	0.1345	0.1545
8	1.1717	0.8535	8.5830	7.3255	0.1165	0.1365
9	1.1951	0.8368	9.7546	8.1622	0.1025	0.1225
10	1.2190	0.8203	10.9497	8.9826	0.0913	0.1113
11	1.2434	0.8043	12.1687	9.7868	0.0822	0.1022
12	1.2682	0.7885	13.4121	10.5753	0.0746	0.0946
13	1.2936	0.7730	14.6803	11.3484	0.0681	0.0881
14	1.3195	0.7579	15.9739	12.1062	0.0626	0.0826
15	1.3459	0.7430	17.2934	12.8493	0.0578	0.0778
16	1.3728	0.7284	18.6393	13.5777	0.0537	0.0737
17	1.4002	0.7142	20.0121	14.2919	0.0500	0.0700
18	1.4282	0.7002	21.4123	14.9920	0.0467	0.0667
19	1.4568	0.6864	22.8406	15.6785	0.0438	0.0638
20	1.4859	0.6730	24.2974	16.3514	0.0412	0.0612
21	1.5157	0.6598	25.7833	17.0112	0.0388	0.0588
22	1.5460	0.6468	27.2990	17.6580	0.0366	0.0566
23	1.5769	0.6342	28.8450	18.2922	0.0347	0.0547
24	1.6084	0.6217	30.4219	18.9139	0.0329	0.0529
25	1.6406	0.6095	32.0303	19.5235	0.0312	0.0512
26	1.6734	0.5976	33.6709	20.1210	0.0297	0.0497
27	1.7069	0.5859	35.3443	20.7069	0.0283	0.0483
28	1.7410	0.5744	37.0512	21.2813	0.0270	0.0470
29	1.7758	0.5631	38.7922	21.8444	0.0258	0.0458
30	1.8114	0.5521	40.5681	22.3965	0.0246	0.0446
31	1.8476	0.5412	42.3794	22.9377	0.0236	0.0436
32	1.8845	0.5306	44.2270	23.4683	0.0226	0.0426
33	1.9222	0.5202	46.1116	23.9886	0.0217	0.0417
34	1.9607	0.5100	48.0338	24.4986	0.0208	0.0408
35	1.9999	0.5000	49.9945	24.9986	0.0200	0.0400
∞				50.0000		0.0200

| | 一 次 支 付 | | | 等 额 多 次 支 付 | | |

3% 复 利 因 子

N	F/P	P/F	F/A	P/A	A/F	A/P
1	1.0300	0.9709	1.0000	0.9709	1.0000	1.0300
2	1.0609	0.9426	2.0300	1.9135	0.4926	0.5226
3	1.0927	0.9151	3.0909	2.8286	0.3235	0.3535
4	1.1255	0.8885	4.1836	3.7171	0.2390	0.2690
5	1.1593	0.8626	5.3091	4.5797	0.1884	0.2184
6	1.1941	0.8375	6.4684	5.4172	0.1546	0.1846
7	1.2299	0.8131	7.6625	6.2303	0.1305	0.1605
8	1.2668	0.7894	8.8923	7.0197	0.1125	0.1425
9	1.3048	0.7664	10.1591	7.7861	0.0984	0.1284
10	1.3439	0.7441	11.4639	8.5302	0.0872	0.1172
11	1.3842	0.7224	12.8078	9.2526	0.0781	0.1081
12	1.4258	0.7014	14.1920	9.9540	0.0705	0.1005
13	1.4685	0.6810	15.6178	10.6350	0.0640	0.0940
14	1.5126	0.6611	17.0863	11.2961	0.0585	0.0885
15	1.5580	0.6419	18.5989	11.9379	0.0538	0.0838
16	1.6047	0.6232	20.1569	12.5611	0.0496	0.0796
17	1.6528	0.6050	21.7616	13.1661	0.0460	0.0760
18	1.7024	0.5874	23.4144	13.7535	0.0427	0.0727
19	1.7535	0.5703	25.1169	14.3238	0.0398	0.0698
20	1.8061	0.5537	26.8704	14.8775	0.0372	0.0672
21	1.8603	0.5375	28.6765	15.4150	0.0349	0.0649
22	1.9161	0.5219	30.5368	15.9369	0.0327	0.0627
23	1.9736	0.5067	32.4529	16.4436	0.0308	0.0608
24	2.0328	0.4919	34.4265	16.9355	0.0290	0.0590
25	2.0938	0.4776	36.4593	17.4131	0.0274	0.0574
26	2.1566	0.4637	38.5530	17.8768	0.0259	0.0559
27	2.2213	0.4502	40.7096	18.3270	0.0246	0.0546
28	2.2879	0.4371	42.9309	18.7641	0.0233	0.0533
29	2.3566	0.4243	45.2189	19.1885	0.0221	0.0521
30	2.4273	0.4120	47.5754	19.6004	0.0210	0.0510
31	2.5001	0.4000	50.0027	20.0004	0.0200	0.0500
32	2.5751	0.3883	52.5028	20.3888	0.0190	0.0490
33	2.6523	0.3770	55.0778	20.7658	0.0182	0.0482
34	2.7319	0.3660	57.7302	21.1318	0.0173	0.0473
35	2.8139	0.3554	60.4621	21.4872	0.0165	0.0465
∞				33.3333		0.0300

| | 4% 复 利 因 子 | | | | | |

	一 次 支 付			等 额 多 次 支 付		
N	F/P	P/F	F/A	P/A	A/F	A/P
1	1.0400	0.9615	1.0000	0.9615	1.0000	1.0400
2	1.0816	0.9246	2.0400	1.8861	0.4902	0.5302
3	1.1249	0.8890	3.1216	2.7751	0.3203	0.3603
4	1.1699	0.8548	4.2465	3.6299	0.2355	0.2755
5	1.2167	0.8219	5.4163	4.4518	0.1846	0.2246
6	1.2653	0.7903	6.6330	5.2421	0.1508	0.1908
7	1.3159	0.7599	7.8983	6.0021	0.1266	0.1666
8	1.3686	0.7307	9.2142	6.7327	0.1085	0.1485
9	1.4233	0.7026	10.5828	7.4353	0.0945	0.1345
10	1.4802	0.6756	12.0061	8.1109	0.0833	0.1233
11	1.5395	0.6496	13.4864	8.7605	0.0741	0.1141
12	1.6010	0.6246	15.0258	9.3851	0.0666	0.1066
13	1.6651	0.6006	16.6268	9.9856	0.0601	0.1001
14	1.7317	0.5775	18.2919	10.5631	0.0547	0.0947
15	1.8009	0.5553	20.0236	11.1184	0.0499	0.0899
16	1.8730	0.5339	21.8245	11.6523	0.0458	0.0858
17	1.9479	0.5134	23.6975	12.1657	0.0422	0.0822
18	2.0258	0.4936	25.6454	12.6593	0.0390	0.0790
19	2.1068	0.4746	27.6712	13.1339	0.0361	0.0761
20	2.1911	0.4564	29.7781	13.5903	0.0336	0.0736
21	2.2788	0.4388	31.9692	14.0292	0.0313	0.0713
22	2.3699	0.4220	34.2480	14.4511	0.0292	0.0692
23	2.4647	0.4057	36.6179	14.8568	0.0273	0.0673
24	2.5633	0.3901	39.0826	15.2470	0.0256	0.0656
25	2.6658	0.3751	41.6459	15.6221	0.0240	0.0640
26	2.7725	0.3607	44.3117	15.9828	0.0226	0.0626
27	2.8834	0.3468	47.0842	16.3296	0.0212	0.0612
28	2.9987	0.3335	49.9676	16.6631	0.0200	0.0600
29	3.1187	0.3207	52.9663	16.9837	0.0189	0.0589
30	3.2434	0.3083	56.0849	17.2920	0.0178	0.0578
31	3.3731	0.2965	59.3283	17.5885	0.0169	0.0569
32	3.5081	0.2851	62.7015	17.8736	0.0159	0.0559
33	3.6484	0.2741	66.2095	18.1476	0.0151	0.0551
34	3.7943	0.2636	69.8579	18.4112	0.0143	0.0543
35	3.9461	0.2534	73.6522	18.6646	0.0136	0.0536
∞				25.0000		0.0400

			5% 复 利 因 子			

	一 次 支 付			等 额 多 次 支 付		
N	F/P	P/F	F/A	P/A	A/F	A/P
1	1.0500	0.9524	1.0000	0.9524	1.0000	1.0500
2	1.1025	0.9070	2.0500	1.8594	0.4878	0.5378
3	1.1576	0.8638	3.1525	2.7232	0.3172	0.3672
4	1.2155	0.8227	4.3101	3.5460	0.2320	0.2820
5	1.2763	0.7835	5.5256	4.3295	0.1810	0.2310
6	1.3401	0.7462	6.8019	5.0757	0.1470	0.1970
7	1.4071	0.7107	8.1420	5.7864	0.1228	0.1728
8	1.4775	0.6768	9.5491	6.4632	0.1047	0.1547
9	1.5513	0.6446	11.0266	7.1078	0.0907	0.1407
10	1.6289	0.6139	12.5779	7.7217	0.0795	0.1295
11	1.7103	0.5847	14.2068	8.3064	0.0704	0.1204
12	1.7959	0.5568	15.9171	8.8633	0.0628	0.1128
13	1.8856	0.5303	17.7130	9.3936	0.0565	0.1065
14	1.9799	0.5051	19.5986	9.8986	0.0510	0.1010
15	2.0789	0.4810	21.5786	10.3797	0.0463	0.0963
16	2.1829	0.4581	23.6575	10.8378	0.0423	0.0923
17	2.2920	0.4363	25.8404	11.2741	0.0387	0.0887
18	2.4066	0.4155	28.1324	11.6896	0.0355	0.0855
19	2.5270	0.3957	30.5390	12.0853	0.0327	0.0827
20	2.6533	0.3769	33.0660	12.4622	0.0302	0.0802
21	2.7860	0.3589	35.7193	12.8212	0.0280	0.0780
22	2.9253	0.3418	38.5052	13.1630	0.0260	0.0760
23	3.0715	0.3256	41.4305	13.4886	0.0241	0.0741
24	3.2251	0.3101	44.5020	13.7986	0.0225	0.0725
25	3.3864	0.2953	47.7271	14.0939	0.0210	0.0710
26	3.5557	0.2812	51.1135	14.3752	0.0196	0.0696
27	3.7335	0.2678	54.6691	14.6430	0.0183	0.0683
28	3.9201	0.2551	58.4026	14.8981	0.0171	0.0671
29	4.1161	0.2429	62.3227	15.1411	0.0160	0.0660
30	4.3219	0.2314	66.4388	15.3725	0.0151	0.0651
31	4.5380	0.2204	70.7608	15.5928	0.0141	0.0641
32	4.7649	0.2099	75.2988	15.8027	0.0133	0.0633
33	5.0032	0.1999	80.0638	16.0025	0.0125	0.0625
34	5.2533	0.1904	85.0670	16.1929	0.0118	0.0618
35	5.5160	0.1813	90.3203	16.3742	0.0111	0.0611
∞				20.0000		0.0500

	6%	复	利	因	子	
一　次　支　付			等　额　多　次　支　付			
N	F/P	P/F	F/A	P/A	A/F	A/P
1	1.0600	0.9434	1.0000	0.9434	1.0000	1.0600
2	1.1236	0.8900	2.0600	1.8334	0.4854	0.5454
3	1.1910	0.8396	3.1836	2.6730	0.3141	0.3741
4	1.2625	0.7921	4.3746	3.4651	0.2286	0.2886
5	1.3382	0.7473	5.6371	4.2124	0.1774	0.2374
6	1.4185	0.7050	6.9753	4.9173	0.1434	0.2034
7	1.5036	0.6651	8.3938	5.5824	0.1191	0.1791
8	1.5938	0.6274	9.8975	6.2098	0.1010	0.1610
9	1.6895	0.5919	11.4913	6.8017	0.0870	0.1470
10	1.7908	0.5584	13.1808	7.3601	0.0759	0.1359
11	1.8983	0.5268	14.9716	7.8869	0.0668	0.1268
12	2.0122	0.4970	16.8699	8.3838	0.0593	0.1193
13	2.1329	0.4688	18.8821	8.8527	0.0530	0.1130
14	2.2609	0.4423	21.0151	9.2950	0.0476	0.1076
15	2.3966	0.4173	23.2760	9.7122	0.0430	0.1030
16	2.5404	0.3936	25.6725	10.1059	0.0390	0.0990
17	2.6928	0.3714	28.2129	10.4773	0.0354	0.0954
18	2.8543	0.3503	30.9057	10.8276	0.0324	0.0924
19	3.0256	0.3305	33.7600	11.1581	0.0296	0.0896
20	3.2071	0.3118	36.7856	11.4699	0.0272	0.0872
21	3.3996	0.2942	39.9927	11.7641	0.0250	0.0850
22	3.6035	0.2775	43.3923	12.0416	0.0230	0.0830
23	3.8197	0.2618	46.9958	12.3034	0.0213	0.0813
24	4.0489	0.2470	50.8156	12.5504	0.0197	0.0797
25	4.2919	0.2330	54.8645	12.7834	0.0182	0.0782
26	4.5494	0.2198	59.1564	13.0032	0.0169	0.0769
27	4.8223	0.2074	63.7058	13.2105	0.0157	0.0757
28	5.1117	0.1956	68.5281	13.4062	0.0146	0.0746
29	5.4184	0.1846	73.6398	13.5907	0.0136	0.0736
30	5.7435	0.1741	79.0582	13.7648	0.0126	0.0726
31	6.0881	0.1643	84.8017	13.9291	0.0118	0.0718
32	6.4534	0.1550	90.8898	14.0840	0.0110	0.0710
33	6.8406	0.1462	97.3432	14.2302	0.0103	0.0703
34	7.2510	0.1379	104.1838	14.3681	0.0096	0.0696
35	7.6861	0.1301	111.4348	14.4982	0.0090	0.0690
∞				18.1820		0.0600

7% 复 利 因 子

	一 次 支 付			等 额 多 次 支 付		
N	F/P	P/F	F/A	P/A	A/F	A/P
1	1.0700	0.9346	1.0000	0.9346	1.0000	1.0700
2	1.1449	0.8734	2.0700	1.8080	0.4831	0.5531
3	1.2250	0.8163	3.2149	2.6243	0.3111	0.3811
4	1.3108	0.7629	4.4399	3.3872	0.2252	0.2952
5	1.4026	0.7130	5.7507	4.1002	0.1739	0.2439
6	1.5007	0.6663	7.1533	4.7665	0.1398	0.2098
7	1.6058	0.6227	8.6540	5.3893	0.1156	0.1856
8	1.7182	0.5820	10.2598	5.9713	0.0975	0.1675
9	1.8385	0.5439	11.9780	6.5152	0.0835	0.1535
10	1.9672	0.5083	13.8164	7.0236	0.0724	0.1424
11	2.1049	0.4751	15.7836	7.4987	0.0634	0.1334
12	2.2522	0.4440	17.8885	7.9427	0.0559	0.1259
13	2.4098	0.4150	20.1406	8.3577	0.0497	0.1197
14	2.5785	0.3878	22.5505	8.7455	0.0443	0.1143
15	2.7590	0.3624	25.1290	9.1079	0.0398	0.1098
16	2.9522	0.3387	27.8881	9.4466	0.0359	0.1059
17	3.1588	0.3166	30.8402	9.7632	0.0324	0.1024
18	3.3799	0.2959	33.9990	10.0591	0.0294	0.0994
19	3.6165	0.2765	37.3790	10.3356	0.0268	0.0968
20	3.8697	0.2584	40.9955	10.5940	0.0244	0.0944
21	4.1406	0.2415	44.8652	10.8355	0.0223	0.0923
22	4.4304	0.2257	49.0057	11.0612	0.0204	0.0904
23	4.7405	0.2109	53.4361	11.2722	0.0187	0.0887
24	5.0724	0.1971	58.1767	11.4693	0.0172	0.0872
25	5.4274	0.1842	63.2490	11.6536	0.0158	0.0858
26	5.8074	0.1722	68.6765	11.8258	0.0146	0.0846
27	6.2139	0.1609	74.4838	11.9867	0.0134	0.0834
28	6.6488	0.1504	80.6977	12.1371	0.0124	0.0824
29	7.1143	0.1406	87.3465	12.2777	0.0114	0.0814
30	7.6123	0.1314	94.4608	12.4090	0.0106	0.0806
31	8.1451	0.1228	102.0730	12.5318	0.0098	0.0798
32	8.7153	0.1147	110.2182	12.6466	0.0091	0.0791
33	9.3253	0.1072	118.9334	12.7538	0.0084	0.0784
34	9.9781	0.1002	128.2588	12.8540	0.0078	0.0778
35	10.6766	0.0937	138.2369	12.9477	0.0072	0.0772
∞				14.2857		0.0700

<table>
<tr><td colspan="7" align="center">8% 复 利 因 子</td></tr>
<tr><td></td><td colspan="2" align="center">一 次 支 付</td><td colspan="4" align="center">等 额 多 次 支 付</td></tr>
<tr><td>N</td><td>F/P</td><td>P/F</td><td>F/A</td><td>P/A</td><td>A/F</td><td>A/P</td></tr>
<tr><td>1</td><td>1.0800</td><td>0.9259</td><td>1.0000</td><td>0.9259</td><td>1.0000</td><td>1.0800</td></tr>
<tr><td>2</td><td>1.1664</td><td>0.8573</td><td>2.0800</td><td>1.7833</td><td>0.4808</td><td>0.5608</td></tr>
<tr><td>3</td><td>1.2597</td><td>0.7938</td><td>3.2464</td><td>2.5771</td><td>0.3080</td><td>0.3880</td></tr>
<tr><td>4</td><td>1.3605</td><td>0.7350</td><td>4.5061</td><td>3.3121</td><td>0.2219</td><td>0.3019</td></tr>
<tr><td>5</td><td>1.4693</td><td>0.6806</td><td>5.8666</td><td>3.9927</td><td>0.1705</td><td>0.2505</td></tr>
<tr><td>6</td><td>1.5869</td><td>0.6302</td><td>7.3359</td><td>4.6229</td><td>0.1363</td><td>0.2163</td></tr>
<tr><td>7</td><td>1.7138</td><td>0.5835</td><td>8.9228</td><td>5.2064</td><td>0.1121</td><td>0.1921</td></tr>
<tr><td>8</td><td>1.8509</td><td>0.5403</td><td>10.6366</td><td>5.7466</td><td>0.0940</td><td>0.1740</td></tr>
<tr><td>9</td><td>1.9990</td><td>0.5002</td><td>12.4876</td><td>6.2469</td><td>0.0801</td><td>0.1601</td></tr>
<tr><td>10</td><td>2.1589</td><td>0.4632</td><td>14.4866</td><td>6.7101</td><td>0.0690</td><td>0.1490</td></tr>
<tr><td>11</td><td>2.3316</td><td>0.4289</td><td>16.6455</td><td>7.1390</td><td>0.0601</td><td>0.1401</td></tr>
<tr><td>12</td><td>2.5182</td><td>0.3971</td><td>18.9771</td><td>7.5361</td><td>0.0527</td><td>0.1327</td></tr>
<tr><td>13</td><td>2.7196</td><td>0.3677</td><td>21.4953</td><td>7.9038</td><td>0.0465</td><td>0.1265</td></tr>
<tr><td>14</td><td>2.9372</td><td>0.3405</td><td>24.2149</td><td>8.2442</td><td>0.0413</td><td>0.1213</td></tr>
<tr><td>15</td><td>3.1722</td><td>0.3152</td><td>27.1521</td><td>8.5595</td><td>0.0368</td><td>0.1168</td></tr>
<tr><td>16</td><td>3.4259</td><td>0.2919</td><td>30.3243</td><td>8.8514</td><td>0.0330</td><td>0.1130</td></tr>
<tr><td>17</td><td>3.7000</td><td>0.2703</td><td>33.7502</td><td>9.1216</td><td>0.0296</td><td>0.1096</td></tr>
<tr><td>18</td><td>3.9960</td><td>0.2502</td><td>37.4502</td><td>9.3719</td><td>0.0267</td><td>0.1067</td></tr>
<tr><td>19</td><td>4.3157</td><td>0.2317</td><td>41.4463</td><td>9.6036</td><td>0.0241</td><td>0.1041</td></tr>
<tr><td>20</td><td>4.6610</td><td>0.2145</td><td>45.7620</td><td>9.8181</td><td>0.0219</td><td>0.1019</td></tr>
<tr><td>21</td><td>5.0338</td><td>0.1987</td><td>50.4229</td><td>10.0168</td><td>0.0198</td><td>0.0998</td></tr>
<tr><td>22</td><td>5.4365</td><td>0.1839</td><td>55.4568</td><td>10.2007</td><td>0.0180</td><td>0.0980</td></tr>
<tr><td>23</td><td>5.8715</td><td>0.1703</td><td>60.8933</td><td>10.3711</td><td>0.0164</td><td>0.0964</td></tr>
<tr><td>24</td><td>6.3412</td><td>0.1577</td><td>66.7648</td><td>10.5288</td><td>0.0150</td><td>0.0950</td></tr>
<tr><td>25</td><td>6.8485</td><td>0.1460</td><td>73.1059</td><td>10.6748</td><td>0.0137</td><td>0.0937</td></tr>
<tr><td>26</td><td>7.3964</td><td>0.1352</td><td>79.9544</td><td>10.8100</td><td>0.0125</td><td>0.0925</td></tr>
<tr><td>27</td><td>7.9881</td><td>0.1252</td><td>87.3508</td><td>10.9352</td><td>0.0114</td><td>0.0914</td></tr>
<tr><td>28</td><td>8.6271</td><td>0.1159</td><td>95.3388</td><td>11.0511</td><td>0.0105</td><td>0.0905</td></tr>
<tr><td>29</td><td>9.3173</td><td>0.1073</td><td>103.9659</td><td>11.1584</td><td>0.0096</td><td>0.0896</td></tr>
<tr><td>30</td><td>10.0627</td><td>0.0994</td><td>113.2832</td><td>11.2578</td><td>0.0088</td><td>0.0888</td></tr>
<tr><td>31</td><td>10.8677</td><td>0.0920</td><td>123.3459</td><td>11.3498</td><td>0.0081</td><td>0.0881</td></tr>
<tr><td>32</td><td>11.7371</td><td>0.0852</td><td>134.2135</td><td>11.4350</td><td>0.0075</td><td>0.0875</td></tr>
<tr><td>33</td><td>12.6760</td><td>0.0789</td><td>145.9506</td><td>11.5139</td><td>0.0069</td><td>0.0869</td></tr>
<tr><td>34</td><td>13.6901</td><td>0.0730</td><td>158.6267</td><td>11.5869</td><td>0.0063</td><td>0.0863</td></tr>
<tr><td>35</td><td>14.7853</td><td>0.0676</td><td>172.3168</td><td>11.6546</td><td>0.0058</td><td>0.0858</td></tr>
<tr><td>∞</td><td></td><td></td><td></td><td>12.5000</td><td></td><td>0.0800</td></tr>
</table>

		9% 复 利 因 子				
	一 次 支 付			等 额 多 次 支 付		
N	F/P	P/F	F/A	P/A	A/F	A/P
1	1.0900	0.9174	1.0000	0.9174	1.0000	1.0900
2	1.1881	0.8417	2.0900	1.7591	0.4785	0.5685
3	1.2950	0.7722	3.2781	2.5313	0.3051	0.3951
4	1.4116	0.7084	4.5731	3.2397	0.2187	0.3087
5	1.5386	0.6499	5.9847	3.8897	0.1671	0.2571
6	1.6771	0.5963	7.5233	4.4859	0.1329	0.2229
7	1.8280	0.5470	9.2004	5.0330	0.1087	0.1987
8	1.9926	0.5019	11.0285	5.5348	0.0907	0.1807
9	2.1719	0.4604	13.0210	5.9952	0.0768	0.1668
10	2.3674	0.4224	15.1929	6.4177	0.0658	0.1558
11	2.5804	0.3875	17.5603	6.8052	0.0569	0.1469
12	2.8127	0.3555	20.1407	7.1607	0.0497	0.1397
13	3.0658	0.3262	22.9534	7.4869	0.0436	0.1336
14	3.3417	0.2992	26.0192	7.7862	0.0384	0.1284
15	3.6425	0.2745	29.3609	8.0607	0.0341	0.1241
16	3.9703	0.2519	33.0034	8.3126	0.0303	0.1203
17	4.3276	0.2311	36.9737	8.5436	0.0270	0.1170
18	4.7171	0.2120	41.3013	8.7556	0.0242	0.1142
19	5.1417	0.1945	46.0185	8.9501	0.0217	0.1117
20	5.6044	0.1784	51.1601	9.1285	0.0195	0.1095
21	6.1088	0.1637	56.7645	9.2922	0.0176	0.1076
22	6.6586	0.1502	62.8733	9.4424	0.0159	0.1059
23	7.2579	0.1378	69.5319	9.5802	0.0144	0.1044
24	7.9111	0.1264	76.7898	9.7066	0.0130	0.1030
25	8.6231	0.1160	84.7009	9.8226	0.0118	0.1018
26	9.3992	0.1064	93.3240	9.9290	0.0107	0.1007
27	10.2451	0.0976	102.7231	10.0266	0.0097	0.0997
28	11.1671	0.0895	112.9682	10.1161	0.0089	0.0989
29	12.1722	0.0822	124.1354	10.1983	0.0081	0.0981
30	13.2677	0.0754	136.3075	10.2737	0.0073	0.0973
31	14.4618	0.0691	149.5752	10.3428	0.0067	0.0967
32	15.7633	0.0634	164.0370	10.4062	0.0061	0.0961
33	17.1820	0.0582	179.8003	10.4644	0.0056	0.0956
34	18.7284	0.0534	196.9823	10.5178	0.0051	0.0951
35	20.4140	0.0490	215.7108	10.5668	0.0046	0.0946
∞				11.1111		0.0900

| | 一 次 支 付 | | 等 额 多 次 支 付 | | | |

10% 复 利 因 子

N	F/P	P/F	F/A	P/A	A/F	A/P
1	1.1000	0.9091	1.0000	0.9091	1.0000	1.1000
2	1.2100	0.8264	2.1000	1.7355	0.4762	0.5762
3	1.3310	0.7513	3.3100	2.4869	0.3021	0.4021
4	1.4641	0.6830	4.6410	3.1699	0.2155	0.3155
5	1.6105	0.6209	6.1051	3.7908	0.1638	0.2638
6	1.7716	0.5645	7.7156	4.3553	0.1296	0.2296
7	1.9487	0.5132	9.4872	4.8684	0.1054	0.2054
8	2.1436	0.4665	11.4359	5.3349	0.0874	0.1874
9	2.3579	0.4241	13.5795	5.7590	0.0736	0.1736
10	2.5937	0.3855	15.9374	6.1446	0.0627	0.1627
11	2.8531	0.3505	18.5312	6.4951	0.0540	0.1540
12	3.1384	0.3186	21.3843	6.8137	0.0468	0.1468
13	3.4523	0.2897	24.5227	7.1034	0.0408	0.1408
14	3.7975	0.2633	27.9750	7.3667	0.0357	0.1357
15	4.1772	0.2394	31.7725	7.6061	0.0315	0.1315
16	4.5950	0.2176	35.9497	7.8237	0.0278	0.1278
17	5.0545	0.1978	40.5447	8.0216	0.0247	0.1247
18	5.5599	0.1799	45.5992	8.2014	0.0219	0.1219
19	6.1159	0.1635	51.1591	8.3649	0.0195	0.1195
20	6.7275	0.1486	57.2750	8.5136	0.0175	0.1175
21	7.4002	0.1351	64.0025	8.6487	0.0156	0.1156
22	8.1403	0.1228	71.4027	8.7715	0.0140	0.1140
23	8.9543	0.1117	79.5430	8.8832	0.0126	0.1126
24	9.8497	0.1015	88.4973	8.9847	0.0113	0.1113
25	10.8347	0.0923	98.3471	9.0770	0.0102	0.1102
26	11.9182	0.0839	109.1818	9.1609	0.0092	0.1092
27	13.1100	0.0763	121.0999	9.2372	0.0083	0.1083
28	14.4210	0.0693	134.2099	9.3066	0.0075	0.1075
29	15.8631	0.0630	148.6309	9.3696	0.0067	0.1067
30	17.4494	0.0573	164.4940	9.4269	0.0061	0.1061
31	19.1943	0.0521	181.9434	9.4790	0.0055	0.1055
32	21.1138	0.0474	201.1378	9.5264	0.0050	0.1050
33	23.2252	0.0431	222.2515	9.5694	0.0045	0.1045
34	25.5477	0.0391	245.4767	9.6086	0.0041	0.1041
35	28.1024	0.0356	271.0244	9.6442	0.0037	0.1037
∞				10.0000		0.1000

		12% 复 利 因 子				
	一 次 支 付			等 额 多 次 支 付		
N	F/P	P/F	F/A	P/A	A/F	A/P
1	1.1200	0.8929	1.0000	0.8929	1.0000	1.1200
2	1.2544	0.7972	2.1200	1.6901	0.4717	0.5917
3	1.4049	0.7118	3.3744	2.4018	0.2963	0.4163
4	1.5735	0.6355	4.7793	3.0373	0.2092	0.3292
5	1.7623	0.5674	6.3528	3.6048	0.1574	0.2774
6	1.9738	0.5066	8.1152	4.1114	0.1232	0.2432
7	2.2107	0.4523	10.0890	4.5638	0.0991	0.2191
8	2.4760	0.4039	12.2997	4.9676	0.0813	0.2013
9	2.7731	0.3606	14.7757	5.3282	0.0677	0.1877
10	3.1058	0.3220	17.5487	5.6502	0.0570	0.1770
11	3.4785	0.2875	20.6546	5.9377	0.0484	0.1684
12	3.8960	0.2567	24.1331	6.1944	0.0414	0.1614
13	4.3635	0.2292	28.0291	6.4235	0.0357	0.1557
14	4.8871	0.2046	32.3926	6.6282	0.0309	0.1509
15	5.4736	0.1827	37.2797	6.8109	0.0268	0.1468
16	6.1304	0.1631	42.7533	6.9740	0.0234	0.1434
17	6.8660	0.1456	48.8837	7.1196	0.0205	0.1405
18	7.6900	0.1300	55.7497	7.2497	0.0179	0.1379
19	8.6128	0.1161	63.4397	7.3658	0.0158	0.1358
20	9.6463	0.1037	72.0524	7.4694	0.0139	0.1339
21	10.8038	0.0926	81.6987	7.5620	0.0122	0.1322
22	12.1003	0.0826	92.5026	7.6446	0.0108	0.1308
23	13.5523	0.0738	104.6029	7.7184	0.0096	0.1296
24	15.1786	0.0659	118.1552	7.7843	0.0085	0.1285
25	17.0001	0.0588	133.3339	7.8431	0.0075	0.1275
26	19.0401	0.0525	150.3339	7.8957	0.0067	0.1267
27	21.3249	0.0469	169.3740	7.9426	0.0059	0.1259
28	23.8839	0.0419	190.6989	7.9844	0.0052	0.1252
29	26.7499	0.0374	214.5828	8.0218	0.0047	0.1247
30	29.9599	0.0334	241.3327	8.0552	0.0041	0.1241
31	33.5551	0.0298	271.2926	8.0850	0.0037	0.1237
32	37.5817	0.0266	304.8477	8.1116	0.0033	0.1233
33	42.0915	0.0238	342.4294	8.1354	0.0029	0.1229
34	47.1425	0.0212	384.5210	8.1566	0.0026	0.1226
35	52.7996	0.0189	431.6635	8.1755	0.0023	0.1223
∞				8.3333		0.1200

| | | 15% 复 利 因 子 | | | | |

一 次 支 付			等 额 多 次 支 付			
N	F/P	P/F	F/A	P/A	A/F	A/P
1	1.1500	0.8696	1.0000	0.8696	1.0000	1.1500
2	1.3225	0.7561	2.1500	1.6257	0.4651	0.6151
3	1.5209	0.6575	3.4725	2.2832	0.2880	0.4380
4	1.7490	0.5718	4.9934	2.8550	0.2003	0.3503
5	2.0114	0.4972	6.7424	3.3522	0.1483	0.2983
6	2.3131	0.4323	8.7537	3.7845	0.1142	0.2642
7	2.6600	0.3759	11.0668	4.1604	0.0904	0.2404
8	3.0590	0.3269	13.7268	4.4873	0.0729	0.2229
9	3.5179	0.2843	16.7858	4.7716	0.0596	0.2096
10	4.0456	0.2472	20.3037	5.0188	0.0493	0.1993
11	4.6524	0.2149	24.3493	5.2337	0.0411	0.1911
12	5.3503	0.1869	29.0017	5.4206	0.0345	0.1845
13	6.1528	0.1625	34.3519	5.5831	0.0291	0.1791
14	7.0757	0.1413	40.5047	5.7245	0.0247	0.1747
15	8.1371	0.1229	47.5804	5.8474	0.0210	0.1710
16	9.3576	0.1069	53.7175	5.9542	0.0179	0.1679
17	10.7613	0.0929	65.0751	6.0472	0.0154	0.1654
18	12.3755	0.0808	75.8364	6.1280	0.0132	0.1632
19	14.2318	0.0703	88.2118	6.1982	0.0113	0.1613
20	16.3665	0.0611	102.4436	6.2593	0.0098	0.1598
21	18.8215	0.0531	118.8101	6.3125	0.0084	0.1584
22	21.6447	0.0462	137.6316	6.3587	0.0073	0.1573
23	24.8915	0.0402	159.2764	6.3988	0.0063	0.1563
24	28.6252	0.0349	184.1678	6.4338	0.0054	0.1554
25	32.9190	0.0304	212.7930	6.4641	0.0047	0.1547
26	37.8568	0.0264	245.7120	6.4906	0.0041	0.1541
27	43.5353	0.0230	283.5688	6.5135	0.0035	0.1535
28	50.0656	0.0200	327.1041	6.5335	0.0031	0.1531
29	57.5755	0.0174	377.1697	6.5509	0.0027	0.1527
30	66.2118	0.0150	434.7451	6.5660	0.0023	0.1523
31	76.1435	0.0131	500.9569	6.5791	0.0020	0.1520
32	87.5651	0.0114	577.1005	6.5905	0.0017	0.1517
33	100.6998	0.0099	664.6655	6.6005	0.0015	0.1515
34	115.8048	0.0086	765.3654	6.6091	0.0013	0.1513
35	133.1755	0.0075	881.1702	6.6166	0.0011	0.1511
∞				8.3333		0.1500

	一 次 支 付		等 额 多 次 支 付			

20% 复 利 因 子

N	F/P	P/F	F/A	P/A	A/F	A/P
1	1.2000	0.8333	1.0000	0.8333	1.0000	1.2000
2	1.4400	0.6944	2.2000	1.5278	0.4545	0.6545
3	1.7280	0.5787	3.6400	2.1065	0.2747	0.4747
4	2.0736	0.4823	5.3680	2.5887	0.1863	0.3863
5	2.4883	0.4019	7.4416	2.9906	0.1344	0.3344
6	2.9860	0.3349	9.9299	3.3255	0.1007	0.3007
7	3.5832	0.2791	12.9159	3.6046	0.0774	0.2774
8	4.2998	0.2326	16.4991	3.8372	0.0606	0.2606
9	5.1598	0.1938	20.7989	4.0310	0.0481	0.2481
10	6.1917	0.1615	25.9587	4.1925	0.0385	0.2385
11	7.4301	0.1346	32.1504	4.3271	0.0311	0.2311
12	8.9161	0.1122	39.5805	4.4392	0.0253	0.2253
13	10.6993	0.0935	48.4966	4.5327	0.0206	0.2206
14	12.8392	0.0779	59.1959	4.6106	0.0169	0.2169
15	15.4070	0.0649	72.0351	4.6755	0.0139	0.2139
16	18.4884	0.0541	87.4421	4.7296	0.0114	0.2114
17	22.1861	0.0451	105.9306	4.7746	0.0094	0.2094
18	26.6233	0.0376	128.1167	4.8122	0.0078	0.2078
19	31.9480	0.0313	154.7400	4.8435	0.0065	0.2065
20	38.3376	0.0261	186.6880	4.8696	0.0054	0.2054
21	46.0051	0.0217	225.0256	4.8913	0.0044	0.2044
22	55.2061	0.0181	271.0307	4.9094	0.0037	0.2037
23	66.2474	0.0151	326.2369	4.9245	0.0031	0.2031
24	79.4968	0.0126	392.4842	4.9371	0.0025	0.2025
25	95.3962	0.0105	471.9811	4.9476	0.0021	0.2021
26	114.4755	0.0087	567.3773	4.9563	0.0018	0.2018
27	137.3706	0.0073	681.8528	4.9636	0.0015	0.2015
28	164.8447	0.0061	819.2233	4.9697	0.0012	0.2012
29	197.8136	0.0051	984.0680	4.9747	0.0010	0.2010
30	237.3763	0.0042	1181.8816	4.9789	0.0008	0.2008
31	284.8516	0.0035	1419.2579	4.9824	0.0007	0.2007
32	341.8219	0.0029	1704.1095	4.9854	0.0006	0.2006
33	410.1863	0.0024	2045.9314	4.9878	0.0005	0.2005
34	492.2235	0.0020	2456.1176	4.9898	0.0004	0.2004
35	590.6682	0.0017	2948.3411	4.9915	0.0003	0.2003
∞				5.0000		0.2000

25%　复　利　因　子

	一　次　支　付		等　额　多　次　支　付			
N	F/P	P/F	F/A	P/A	A/F	A/P
1	1.2500	0.8000	1.0000	0.8000	1.0000	1.2500
2	1.5625	0.6400	2.2500	1.4400	0.4444	0.6944
3	1.9531	0.5120	3.8125	1.9520	0.2623	0.5123
4	2.4414	0.4096	5.7656	2.3616	0.1734	0.4234
5	3.0518	0.3277	8.2070	2.6893	0.1218	0.3718
6	3.8147	0.2621	11.2588	2.9514	0.0888	0.3388
7	4.7684	0.2097	15.0735	3.1611	0.0663	0.3163
8	5.9605	0.1678	19.8419	3.3289	0.0504	0.3004
9	7.4506	0.1342	25.8023	3.4631	0.0388	0.2888
10	9.3132	0.1074	33.2529	3.5705	0.0301	0.2801
11	11.6415	0.0859	42.5661	3.6564	0.0235	0.2735
12	14.5519	0.0687	54.2077	3.7251	0.0184	0.2684
13	18.1899	0.0550	68.7596	3.7801	0.0145	0.2645
14	22.7374	0.0440	86.9495	3.8241	0.0115	0.2615
15	28.4217	0.0352	109.6868	3.8593	0.0091	0.2591
16	35.5271	0.0281	138.1085	3.8874	0.0072	0.2572
17	44.4089	0.0225	173.6357	3.9099	0.0058	0.2558
18	55.5112	0.0180	218.0446	3.9279	0.0046	0.2546
19	69.3889	0.0144	273.5558	3.9424	0.0037	0.2537
20	86.7362	0.0115	342.9447	3.9539	0.0029	0.2529
21	108.4202	0.0092	429.6809	3.9631	0.0023	0.2523
22	135.5253	0.0074	538.1011	3.9705	0.0019	0.2519
23	169.4066	0.0059	673.6264	3.9764	0.0015	0.2515
24	211.7582	0.0047	843.0329	3.9811	0.0012	0.2512
25	264.6978	0.0038	1054.7912	3.9849	0.0009	0.2509
26	330.8722	0.0030	1319.4890	3.9879	0.0008	0.2508
27	413.5903	0.0024	1650.3612	3.9903	0.0006	0.2506
28	516.9879	0.0019	2063.9515	3.9923	0.0005	0.2505
29	646.2349	0.0015	2580.9394	3.9938	0.0004	0.2504
30	807.7936	0.0012	3227.1743	3.9950	0.0003	0.2503
31	1009.7420	0.0010	4034.9678	3.9960	0.0002	0.2502
32	1262.1774	0.0008	5044.7098	3.9968	0.0002	0.2502
33	1577.7218	0.0006	6306.8872	3.9975	0.0002	0.2502
34	1972.1523	0.0005	7884.6091	3.9980	0.0001	0.2501
35	2465.1903	0.0004	9856.7613	3.9984	0.0001	0.2501
∞				4.0000		0.2500

		30% 复 利 因 子			
	一 次 支 付			等 额 多 次 支 付	
N	F/P	P/F	F/A	P/A	A/F	A/P
1	1.3000	0.7692	1.0000	0.7692	1.0000	1.3000
2	1.6900	0.5917	2.3000	1.3609	0.4348	0.7348
3	2.1970	0.4552	3.9900	1.8161	0.2506	0.5506
4	2.8561	0.3501	6.1870	2.1662	0.1616	0.4616
5	3.7129	0.2693	9.0431	2.4356	0.1106	0.4106
6	4.8268	0.2072	12.7560	2.6427	0.0784	0.3784
7	6.2749	0.1594	17.5828	2.8021	0.0569	0.3569
8	8.1573	0.1226	23.8577	2.9247	0.0419	0.3419
9	10.6045	0.0943	32.0150	3.0190	0.0312	0.3312
10	13.7858	0.0725	42.6195	3.0915	0.0235	0.3235
11	17.9216	0.0558	56.4053	3.1473	0.0177	0.3177
12	23.2981	0.0429	74.3270	3.1903	0.0135	0.3135
13	30.2875	0.0330	97.6250	3.2233	0.0102	0.3102
14	39.3738	0.0254	127.9125	3.2487	0.0078	0.3078
15	51.1859	0.0195	167.2863	3.2682	0.0060	0.3060
16	66.5417	0.0150	218.4722	3.2832	0.0046	0.3046
17	86.5042	0.0116	285.0139	3.2948	0.0035	0.3035
18	112.4554	0.0089	371.5180	3.3037	0.0027	0.3027
19	146.1920	0.0068	483.9734	3.3105	0.0021	0.3021
20	190.0496	0.0053	630.1655	3.3158	0.0016	0.3016
21	247.0645	0.0040	820.2151	3.3198	0.0012	0.3012
22	321.1839	0.0031	1067.2796	3.3230	0.0009	0.3009
23	417.5391	0.0024	1388.4635	3.3254	0.0007	0.3007
24	542.8008	0.0018	1806.0026	3.3272	0.0006	0.3006
25	705.6410	0.0014	2348.8033	3.3286	0.0004	0.3004
26	917.3333	0.0011	3054.4443	3.3297	0.0003	0.3003
27	1192.5333	0.0008	3971.7776	3.3305	0.0003	0.3003
28	1550.2933	0.0006	5164.3109	3.3312	0.0002	0.3002
29	2015.3813	0.0005	6714.6042	3.3317	0.0001	0.3001
30	2619.9956	0.0004	8729.9855	3.3321	0.0001	0.3001
31	3405.9943	0.0003	11349.9811	3.3324	0.0001	0.3001
32	4427.7926	0.0002	14755.9755	3.3326	0.0001	0.3001
33	5756.1304	0.0002	19183.7681	3.3328	0.0001	0.3001
34	7482.9696	0.0001	24939.8985	3.3329	0.0000	0.3000
35	9727.8604	0.0001	32422.8681	3.3330	0.0000	0.3000
∞				3.3333		0.3000

参 考 文 献

［1］ 国家发展和改革委员会，建设部. 建设项目经济评价方法与参数（第三版）. 北京：中国计划出版社，2006

［2］ 建设部标准定额研究所. 建设项目经济评价案例. 北京：中国计划出版社，2006

［3］ 威廉·G. 沙立文等著，邵颖红等译. 工程经济学. 北京：清华大学出版社，2007

［4］ 魏法杰，王玉灵，郑筠编著. 工程经济学. 北京：电子工业出版社，2007

［5］ 河上省吾. 土木計画学. 鹿島出版社，1991

［6］ 長尾義三. 土木計画序論. 共立出版社，1985

［7］ 八十島義之助. 土木総合計画論. 丸善出版社，1977

［8］ 萨缪尔·C·韦弗，J·弗雷德·威斯顿. 财务管理. 北京：中国财政经济出版社，2003

［9］ 吴锋，叶锋编. 工程经济学. 北京：机械工业出版社，2006

［10］ 宋伟，王恩茂. 工程经济学. 北京：人民交通出版社，2007

［11］ 刘玉明. 工程经济学. 北京：清华大学出版社，北京交通大学出版社，2006

［12］ 卢石泉，周惠珍. 投资项目评估. 大连：东北财经大学出版社，1994

［13］ 姚长辉，金萍. 投资项目评估（修订本）. 北京：企业管理出版社，1998

［14］ 李南. 工程经济学（第二版）. 北京：科学出版社，2004

［15］ 邵颖红，黄渝祥. 工程经济学概论. 北京：电子工业出版社，2003

［16］ 冯为民，付晓灵. 工程经济学. 北京：北京大学出版社，2006

［17］ 万威武，陈伟忠. 可行性研究与项目评价. 西安：西安交通大学出版社，1998

［18］ 郭立夫，李北伟. 决策理论与方法. 北京：高等教育出版社，2006

［19］ 张玉峰. 决策支持系统. 武汉：武汉大学出版社，2004

［20］ 林齐宁. 决策分析. 北京：北京邮电大学出版社，2003

［21］ 王立国. 工程项目融资. 北京：人民邮电出版社，2002

［22］ 张极井. 项目融资. 北京：中信出版社，2003

［23］ 姚晓民，赵新顺，何存花. 财务管理. 北京：中国物价出版社，2003

［24］ 教育部高等学校管理科学与工程类学科教学指导委员会. 决策理论与方法. 北京：高等教育出版社，2006